财政部规划教材
全国财政职业教育教学指导委员会推荐教材
全国职业院校财经类教材

中小企业财务会计实训

刘丽琼　主　编
许秋萍　副主编

中国财经出版传媒集团
中国财政经济出版社

图书在版编目（CIP）数据

中小企业财务会计实训/刘丽琼主编．—北京：中国财政经济出版社，2019.1
财政部规划教材　全国财政职业教育教学指导委员会推荐教材　全国职业院校财经类教材
ISBN 978－7－5095－8711－9

Ⅰ．①中⋯　Ⅱ．①刘⋯　Ⅲ．①中小企业－财务会计－职业教育－教材　Ⅳ．①F276.3

中国版本图书馆 CIP 数据核字（2018）第 274101 号

责任编辑：张　铮　　　　　　　　　　责任校对：黄亚青
封面设计：构远设计

中国财政经济出版社 出版

URL：http://www.cfeph.cn
E-mail：cfeph@cfeph.cn
（版权所有　翻印必究）
社址：北京市海淀区阜成路甲28号　邮政编码：100142
营销中心电话：010－88191537　北京财经书店电话：64033436　84041336
北京富生印刷厂印刷　各地新华书店经销
787×1092 毫米　16 开　23.5 印张　574 000 字
2019 年 1 月第 1 版　2019 年 1 月北京第 1 次印刷
定价：49.00 元
ISBN 978－7－5095－8711－9
（图书出现印装问题，本社负责调换）
本社质量投诉电话：010－88190744
打击盗版举报热线：010－88191661　QQ：2242791300

前 言

本书是财政部规划教材、全国财政职业教育教学指导委员会推荐教材，作为全国职业院校财经类教材使用。

本书[①]作为省级重点课题《产教深度融合下"共享会计工厂的构建与实践"》的重要研究成果之一，是作者根据多年从事会计教学及企业财务工作的经验和体会编写而成。为培养学生的实际操作技能和综合分析能力，本书以中小型企业的真实业务为基础，采用真实票据设计主要业务。当前，"五证合一、一照一证"的企业登记注册制度、"营改增"等税收新制度以及会计政策的新变化，迫切要求对会计专业的学生及财务会计从业人员的专业知识进行更新。教材的内容以一个中小型制造业企业连续三个月发生的经济业务为例，包括企业设立时的业务，开始投产一种产品的业务，增加生产两种产品的业务。业务涵盖了制造业的筹资、投资业务；供应过程、生产过程、销售过程的业务；利润的核算分配业务以及特殊的业务。本书适用于职业院校财经类专业师生进行手工账、软件账、云记账训练操作的基础业务及完善会计实训室的资源库建设。

目前云记账、财务共享服务、财务机器人等的涌现，对财经从业人员是个极大的冲击，业内都在思考如何从财务会计向管理会计转型的问题，但针对国内众多职业院校财经专业学生转型之路漫长。国内数量众多的中小型企业需要的是熟悉税收新政、会计新规、熟练掌握各项财务会计技能，全面"业财融合"的高素质财务人员。

本书突出以下编写特点：

（1）本书以财政部颁布的《小企业会计准则》及最新会计制度为依据，以一家中小型制造业企业为例，实训票据为该企业从设立之初到开始生产营业的连续三个月真实发生的经济业务为编制基础。众多的会计实训教材基本都是截取某一个月份的业务，而编制连续三个月的实训教材，本教材是首例。

---

① "福建省中青年教师教育科研项目资助"（项目编号：ZA2018007）。

(2) 企业从无到有，业务从简单到复杂，及典型会计业务资料，包括企业新设立期间发生的筹资、投资业务；正式投产时，生产经营一种产品到两种产品的日常生产经营业务，包括供应过程、生产过程、销售过程、成本核算、薪酬、社保及住房公积金业务、期末事项及损益结转，以全面的会计实务、仿真的业务票据为演练素材，内容真实、全面、系统，月末所编制的余额表就是下个月的期初余额表，具有业务的连续性，便于利用这些财务数据进行分析对比，为管理层提供有用的预测、决策参考。

(3) 三个月的业务票据内容不是简单的重复，而是逐步递进，难易适中，循序渐进，由易到难，业务连贯，符合实际，能使学生全员投入"做中学、学中做"的实训中，在动手操作中，能使学生较为轻松地掌握专业技能并熟悉整个账务处理程序。

(4) 中小企业容纳了职业院校的大部分财经类专业毕业生，该教材推出"营改增"版，增加了装卸搬运、广告、修缮、不动产经营租赁、运输、餐饮、销售无形资产等业务，使其适用范围更广，为广大学生学习中小企业"营改增"业务提供参考资料。

(5) 各月份业务量适中（50笔左右），配有实训操作的记账凭证、日记账、明细账、总账账页、记账凭证汇总表、资产负债表及利润表的空白页，并附赠参考答案，方便广大社会学员自学和在校师生实训时参考使用。

本书由刘丽琼担任主编，许秋萍担任副主编。由于编者水平有限，书中难免存在不足之处，恳请读者批评指正。本书提供了参考答案，授课老师可以发邮件至 caijingjiaocai@163.com 索取。

编　者

2018年11月

目 录

模块一 认知企业 ·· (1)
  一、企业基本资料 ·· (1)
  二、企业的生产工艺流程 ·· (1)
  三、企业采用的会计政策和核算方法 ·· (1)
  四、企业的账务处理程序（采用科目汇总表账务核算形式） ···················· (3)
  五、企业登记的总账和明细账的资料 ·· (3)

模块二 新设企业的筹投资业务实训 ·· (9)
  一、晋江美登鞋服有限公司2018年10月发生的经济业务事项 ·················· (9)
  二、实训要求 ·· (37)

模块三 正式生产经营一种产品的业务实训 ·· (39)
  一、晋江美登鞋服有限公司2018年11月发生的经济业务事项 ················· (39)
  二、实训要求 ·· (105)

模块四 连续生产两种产品的业务实训 ·· (107)
  一、晋江美登鞋服有限公司2018年12月发生的经济业务事项 ················· (107)
  二、实训要求 ·· (181)

附录 ·· (183)
  一、空白记账凭证 ·· (183)
  二、空白账页 ·· (243)
  三、空白报表 ·· (345)
  四、封面及封底 ·· (363)

模块一

认知企业

一、企业基本资料（见表1-1）

表1-1

企业名称	晋江市美登鞋服有限公司（简称：美登鞋服）
法人代表	张金勇
会计主管	王明堂
会　　计	李　飞
出　　纳	刘心　身份证：3505821975101236×××
住址、邮编	晋江青阳新华街　　362200
电　　话	0595-82007110
统一社会信用代码	91350582082682278F
开户银行	农行晋江支行
账号	531401888816005
主营业务	生产、销售男式夹克、女式夹克
生产组织形式和工艺流程	设有一个基本生产车间，一个行政管理部门，一个销售部门，单步骤大批量重复生产男式夹克、女式夹克

二、企业的生产工艺流程（见图1-1）

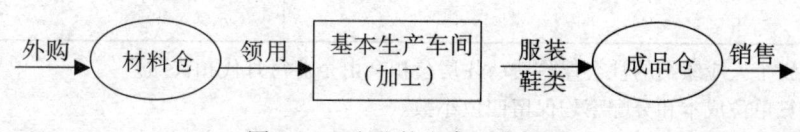

图1-1　企业的生产工艺流程

三、企业采用的会计政策和核算方法

1. 公司执行《小企业会计准则》和财政部颁发的《会计基础工作规范》《会计基础工

作规范说明》。

2. 公司经晋江市税务局认定为一般纳税人企业，增值税税率16%，城市维护建设税税率7%，教育费附加费率3%（2018年3月28日，国务院常务会议决定，从2018年5月1日起，制造业等行业增值税税率从17%降低至16%，交通运输、建筑、基础电信服务等行业及农产品等货物的增值税的税率从11%降至10%）。

3. 企业所得税率25%（企业所得税实行查账征收，按季计算并预缴，年终汇算清缴）。

4. 存货按实际成本计价，发出存货成本采用月末一次加权平均法计算。

5. 存货明细账数量、金额均由会计登记。

6. 日工资按21.75天计算，病假按应付日工资的20%扣款，事假按应付日工资的100%扣款。工薪所得个人所得税代扣代缴。

7. 社会保险和住房公积金计缴比例：

（1）社会保险单位缴费比例：养老保险20%、失业保险2%、医疗保险8%；

（2）社会保险个人缴费比例：养老保险8%、失业保险1%、医疗保险2%、大病救助每人10元；

（3）住房公积金的单位、个人缴费比例均为8%。

8. 运费均按重量比例分配。

9. 固定资产折旧采用年限平均法计提折旧，房屋建筑物月折旧率为0.3%，机器设备月折旧为0.8%。

10. 筹建期间的开办费直接列入当期损益。

11. 生产工人工资、生产工人社保费、生产工人住房公积金以及制造费用均按生产工人工时比例分配。

12. 按"品种法"计算成本，完工产品与在产品采用定额成本法进行分配，月末在产品单位定额成本表如表1-2所示。材料在生产开始时一次性投入。

表1-2　　　　　　　　　　　月末在产品单位定额成本表

公司名称：晋江美登鞋服有限公司　　　　　　　　　　　　　　　　　　　　单位：元

项目	单位材料定额成本	单位人工定额成本	单位制造费用定额成本	合计
男式夹克定额成本	34.16	6.18	3.06	43.40
女式夹克定额成本	49.14	8.60	3.46	61.20

说明：①职工个人应缴纳的社会保险费、住房公积金由企业每月代扣代缴。
　　　②计算单位成本和分配率均保留四位小数。

13. 采用科目汇总表核算形式，全月汇总一次。

14. 损益结转采用账结法。

四、企业的账务处理程序（见图1-2）（采用科目汇总表账务核算形式）

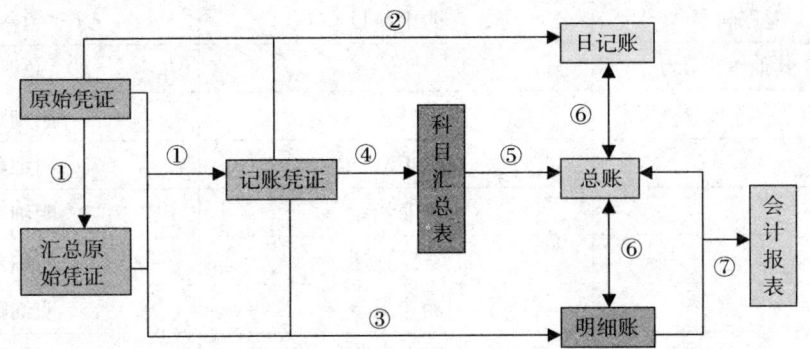

图1-2 采用科目汇总表账务核算形式下的企业账务处理程序

说明：
①据原始凭证编制汇总原始凭证，据原始凭证或汇总原始凭证编制记账凭证；
②据原始凭证或记账凭证登记现金日记账和银行存款日记账；
③据原始凭证、汇总原始凭证或记账凭证登记明细账；
④据记账凭证编制科目汇总表；
⑤据科目汇总表登记总账；
⑥将总账分别与日记账和明细账进行核对，日记账与明细账进行核对；
⑦据总账和明细账编制会计报表。

五、企业登记的总账和明细账的资料（见表1-3）

表1-3　　　　　　　　账户设置及账页格式

序号	会计科目		账页格式
	总账科目	明细科目	
1	库存现金		总账
		库存现金日记账	日记账
2	银行存款		总账
		银行存款日记账	日记账
3	应收账款		总账
		江西华瑞	明细账
		江苏高斯	明细账
4	预付账款		总账
		华菲物业	明细账

续表

序号	会计科目		账页格式
	总账科目	明细科目	
5	其他应收款		总账
		林艺	明细账
		丁清	明细账
		华菲物业	明细账
		石狮顺达	明细账
		养老保险	明细账
		医疗保险	明细账
		失业保险	明细账
		住房公积金	明细账
6	在途物资		总账
		东盛布业	明细账
		厦门风华	明细账
		环宇饰品	明细账
7	原材料		总账
		棉布	数量金额式明细账
		里布	数量金额式明细账
		斜纹布	数量金额式明细账
		拉链	数量金额式明细账
		线	数量金额式明细账
		纽扣	数量金额式明细账
		商标吊牌	数量金额式明细账
8	周转材料		总账
		纸箱	数量金额式明细账
		包装袋	数量金额式明细账
9	库存商品		总账
		男士夹克	数量金额式明细账
		女士夹克	数量金额式明细账
10	固定资产		总账
		生产用固定资产	明细账
		非生产用固定资产	明细账
		出租固定资产	明细账

续表

序号	会计科目		账页格式
	总账科目	明细科目	
11	累计折旧		总账
		累计折旧	明细账
12	无形资产		总账
		专利权	明细账
13	累计摊销		总账
		累计摊销	明细账
14	固定资产清理		总账
		固定资产清理	明细账
15	长期待摊费用		总账
		仓库修缮费	明细账
16	生产成本		总账
		男士夹克	多栏式明细账
		女士夹克	多栏式明细账
17	制造费用		总账
		制造费用	多栏式明细账
18	应付票据		总账
		晋兴拉链	明细账
19	应付账款		总账
		供电公司	明细账
		供水公司	明细账
		东盛布业	明细账
		晋兴拉链	明细账
		益庆纸业	明细账
		环宇饰品	明细账
		厦门风华	明细账
20	其他应付款		总账
		诚信机械	明细账

续表

序号	会计科目		账页格式
	总账科目	明细科目	
21	应交税费		总账
		应交增值税	多栏专用明细账
		未交增值税	明细账
		应交城建税	明细账
		应交教育费附加	明细账
		应交所得税	明细账
		应交个人所得税	明细账
22	应付职工薪酬		总账
		工资	明细账
		职工福利费	明细账
		养老保险	明细账
		医疗保险	明细账
		失业保险	明细账
		工伤保险	明细账
		生育保险	明细账
		住房公积金	明细账
23	应付利息		总账
		农行晋江支行	明细账
24	应付利润		总账
		南安风华	明细账
		张金章	明细账
		张旭升	明细账
25	其他应付款		总账
		诚信机械	明细账
	长期借款		总账
		农行晋江支行	明细账
26	实收资本		总账
		南安风华	明细账
		张金章	明细账
		张旭升	明细账

续表

序号	会计科目		账页格式
	总账科目	明细科目	
27	盈余公积		总账
		法定盈余公积	明细账
28	利润分配		总账
		提取法定盈余公积	明细账
		应付利润	明细账
		未分配利润	明细账
29	本年利润		总账
		本年利润	明细账
30	主营业务收入		总账
		主营业务收入	多栏式明细账
31	主营业务成本		总账
		主营业务成本	多栏式明细账
32	其他业务收入		总账
		其他业务收入	多栏式明细账
33	其他业务成本		总账
		其他业务成本	多栏式明细账
34	税金及附加		总账
		税金及附加	多栏式明细账
35	营业外支出		总账
		营业外支出	多栏式明细账
36	财务费用		总账
		财务费用	多栏式明细账
37	销售费用		总账
		销售费用	多栏式明细账
38	管理费用		总账
		管理费用	多栏式明细账
39	所得税费用		总账
		所得税费用	多栏式明细账

模块二

新设企业的筹投资业务实训

一、晋江美登鞋服有限公司 2018 年 10 月发生的经济业务事项

业务 1：10 月 3 日，收到投资方南安风华印染厂投入的固定资产，按公允价值确认投资额 5 000 000 元，同时收到投资者张金勇投入的货币资金 4 800 000 元、张旭升投入的货币资金 3 200 000 元，存入银行。相关凭证见表 2 – 1 至表 2 – 4。

表 2 – 1   固定资产登记表

2018 年 10 月 3 日

固定资产类别	使用部门	名称	数量	评估确认价值
生产用固定资产	生产部门	车间厂房	3	2 000 000.00
		生产设备	10	800 000.00
非生产用固定资产	管理部门	办公楼仓库	3	1 500 000.00
		办公设备	8	700 000.00
合　计				￥5 000 000.00
财务：李飞			经办：张旭升	

表 2 – 2

泉州华宏会计师事务所文件

晋江（2018）字第 201 号

晋江美登鞋服有限公司：

　　我所受贵公司委托，依据《中华人民共和国注册会计师法》和《企业会计准则》等规定，对贵公司接受南安风华印染厂投入的车间及附属设备、生产设备、办公楼及附属设施、仓库等进行评估。所投入的固定资产按公允价值予以确认，共计投入的资产为人民币伍佰万元整。（略）

评估员：李辉	泉州华宏会计师事务所
中国注册会计师：程凡理	2018 年 10 月 3 日

表2-3　　　　　　**中国农业银行电子汇兑贷方凭证（收款通知）**

日期：2018年10月03日

发报行	行号	003718	收银行	行号	27025	号码	51236
	农行 3800130133322682			行名	新街支行		
收款单位	账号	531401888816005		收款行名称			
	名称	晋江美登鞋服有限公司		农行晋江支行			
人民币金额（大写）捌佰万元整				￥：8 000 000.00			
付款单位名称：出资者张金勇、张旭升 （账号）事由： 张金勇出资4800000.00元、张旭升出资3200000.00元				业务种类	汇兑		

转讫（1）中国农业银行晋江支行

表2-4　　　　　　　　　　**验资报告单**

2018年10月3日

晋江美登鞋服有限公司：

　　我们接受贵公司委托，审验了贵公司2018年10月03日的注册资本实收情况共计人民币壹仟伍佰万元整。按照相关法律法规及协议章程的要求出资，提供真实、合法、完整的验资资料，保护资产的安全、完整是全体股东及贵公司（筹）的责任。我们的审验是根据《中国注册会计师审计准则第1602号——验资》进行的。贵公司收到投资者南安风华印染厂投入的固定资产公允价值为人民币伍佰万元整；贵公司收到投资者投入的货币资金为人民币捌佰万元整，其中：由张金勇出资人民币肆佰捌拾万元整、张旭升出资人民币叁佰贰拾万元整。

　　（略）

泉州华宏会计师事务所　　　　　　　　　　中国注册会计师：陈凡理

　　业务2：10月8日，购买支票本，银行直接扣除工本费50元。相关凭证见表2-5、2-6。

表2-5　　　　　　　　**付款审批单**

部门：财务部　　　　　　　　　　2018年10月8日

事　　由	购买支票本	附件张数	1
付款方式	转账	经手人	刘心
项目内容	金　　额	部门领导	王明堂
支票工本费	50.00	单位负责人	张金勇
		财务主管	王明堂
合计	￥50.00	出　　纳	刘心

表 2-6   **中国农业银行收费凭单**

交易时间：2018 年 10 月 8 日   09：11：29

客户名称：晋江美登鞋服有限公司	
缴费账号：531401888816005	
缴费方式：转账	
实缴金额：50	币种：人民币

序号：实缴金额	收费种类	
1 50.00	支票工本费	（中国农业银行青阳分行 2018.10.08 业务讫）
交易网点：0319	交易柜员：DE08	

业务 3：10 月 8 日，向银行提取现金 18 000 元备用。相关凭证见图 2-1。

中国农业银行
现金支票存根
50703151
31431007

附加信息 ------------------------------

出票日期：2018 年 10 月 8 日

收款人：晋江美登鞋服有限公司
金额：￥18 000.00
用途：备用金
单位主管：   会计：

图 2-1

业务 4：10 月 15 日，用现金购买 3 个打印机，单价 300 元，共 900 元，增值税专用发票上注明进项税额为 144 元。直接由财务部、销售部和采购部分别领用一个。相关凭证见表 2-7 至表 2-9。

表2-7

福建增值税专用发票

3500163130

No. 38053970

开票日期 2018 年 10 月 15 日

购货单位	名　　称	晋江美登鞋服有限公司	密码区	50＋＊＜731246＊－88＜2＊/5＜＋054＜28＊815＜17＞785182＋054＜28＊815＜17＞78596＋5＞52＊471＋＞104＊7182523＊/96＋5＞52＊471＋＞104＊75946＞2＋82523＊＊87＞510＞46/96＞46996＋5＞52＊471＋
	纳税人识别号	91350582082682278F		
	地址、电话	晋江青阳新华街 0595-82007110		
	开户行及账号	农行晋江支行 531401888816005		

货物或应税劳务名称	规格型号	单位	数量	单价	金额	税率	税额
科华打印机		个	3	300.00	900.00	16%	144.00
合　计					￥900.00		￥144.00
价税合计（大写）	⊗壹仟零肆拾肆元整					（小写）￥1044.00	

销货单位	名　　称	一品文化用品有限公司	备注	
	纳税人识别号	913508245520201535		
	地址、电话	晋江市新华街 88 号　85628718		
	开户行及账号	建行新华支行 38100024019855416		

收款人：　　　　复核：　　　　开票人：张飞　　　　销售方：（章）

表2-8

付款审批单

部门：行政部　　　2018 年 10 月 15 日

事　由	购买打印机	附件张数	2
付款方式	转账	经手人	陈立
项目内容	金　　额	部门领导	张旭升
打印机	1 044.00	单位负责人	张金勇
		财务主管	王明堂
合　计	￥1 044.00	出　纳	刘心

表2-9

办公用品领用单

领用品名：科华打印机　　　2018 年 10 月 15 日

领用部门	领用数量	金额（元）
财务部	1	300.00
销售部	1	300.00
采购部	1	300.00
合计	3	900.00

审核：张旭升　　　　　　　　　　制表：陈立

业务 5：10 月 16 日，向农行贷款 1 500 000 元，期限 3 年，月利率为 0.46‰，按季计息，最后还本付息。相关凭证见表 2-10、图 2-2。

表 2-10

中国农业银行借款凭证（收账通知）

2018 年 10 月 16 日　　　　　　　　　　　　　　　NO. 30120806

借款人	晋江美登鞋服有限公司			账号		531401888816005							
贷款金额	人民币（大写）壹佰伍拾万元整				千	百	十	万	千	百	十	元	角	分
					￥	1	5	0	0	0	0	0	0	0
用途	经营	期限		约定还款日期		2021 年 10 月 15 日							
		3 年		贷款利率 0.46‰		借款合同号码 26019							

上列贷款已转入借款人指定的账户。

中国农业银行晋江支行
转讫
（1）

银行盖章　　复核　　记账

中国农业银行借款合同

贷款方：中国农业银行晋江市支行（以下简称贷款方）
借款方：晋江美登鞋服有限责任公司（以下简称借款方）
　　为明确各自责任，严守合同，特签订本合同，双方共同信守。
一、贷款种类：工业企业长期借款
二、借款金额：壹佰伍拾万元整
三、借款用途：采购原材料
四、借款利率：月利率为**千分之四点六**，按季计息，最后还本付息。
五、借款期限：借款自<u>二〇一八</u>年十月十六日到<u>二〇二一</u>年十月十五日止。
六、还款资金来源主营业务收入。
七、还款方式：转账
八、违约责任：（略）
　　本合同经双方签订后生效，贷款本息全部偿付后失效。
　　本合同一式二份，代款方、借款方各执一份，合同副本四份，报送有关单位各留存一份。
贷款方：中国农业银行晋江市支行　　　借款方：晋江美登鞋服有限公司
法人代表：陈明 2018 年 10 月 16 日　　法人代表：张金勇 2018 年 10 月 16 日

图 2-2　借款合同

业务6：10月20日，筹建期间共发生费用45 000元，以转账方式支付。相关凭证见表2-11、表2-12、图2-3。

表2-11　　　　　　　　　　　**付款审批单**

部门：行政部　　　　　　　　　　　2018年10月20日

事　　　由	筹建费用	附件张数	2
付款方式	转账支票	经手人	陈立
项目内容	金　　额	部门领导	张旭升
筹建费用	45 000.00	单位负责人	张金勇
		财务主管	王明堂
合　计	￥45 000.00	出　　纳	刘心

表2-12　　　　　　**中国建设银行进账单（收款回单）3**

2018年10月20日

付款人	全　称	晋江美登鞋服有限公司	收款人	全　称	泉州明发建筑有限公司
	账　号	531401888816005		账　号	531400180112021
	开户行	农行晋江市支行		开户行	中国农业银行晋江市支行
金额	人民币（大写）	肆万伍仟元整	建设银行南区支行 转讫 (1)	百十万千百十元角分	￥4 5 0 0 0 0 0
票据种类	转账支票	票据张数	一张		
票据号码	102820930				
复核　　　记账			开户银行签章		

中国农业银行

转账支票存根

28015850
32068121

附加信息＿＿＿＿＿＿＿＿＿

＿＿＿＿＿＿＿＿＿＿＿＿＿＿

出票日期：2018年10月20日

收款人：	泉州明发建筑有限公司
金额：	￥45 000.00
用途：	开办费
单位主管：	会计：

图2-3

业务 7：10 月 21 日，以存款支付电费 3 800 元，增值税专用发票上注明进项税额为 608 元。相关凭证见表 2 – 13 至表 2 – 15。

表 2 – 13

付款审批单

2018 年 10 月 21 日

部门：财务部

事　由	支付电费	附件张数	2
付款方式	转账	经手人	刘心
项目内容	金　　额	部门领导	王明堂
电费	4 408.00	单位负责人	张金勇
		财务主管	王明堂
合计	¥4 408.00	出　纳	刘心

表 2 – 14

福建增值税专用发票

3500163130

No. 18003675

开票日期 2018 年 10 月 21 日

购货单位	名　　称：晋江美登鞋服有限公司 纳税人识别号：91350582082682278F 地　址、电话：晋江青阳新华街 0595 – 82007110 开户行及账号：农行晋江分行 531401888816005	密码区	50 + * < 731246 * – 88 < 2 * /5 < + 054 * < 28 * 815 < 17 > 785182 + 054 * < 28 * 815 < 17 > 78596 + 5 > 52 * 471 + > 104 * 7182523 * /96 + 5 > 52 * 471 + > 104 * 75946 > > 2 + 82523 * *

货物或应税劳务名称	规格型号	单位	数量	单价	金　额	税率	税　额
工业用电		千瓦时	4 000	0.95	3 800.00	16%	608.00
合　计					¥3 800.00		¥608.00

价税合计（大写）	⊗肆仟肆佰零捌元整	（小写） ¥4 408.00

销货单位	名　　称：晋江市供电有限公司 纳税人识别号：9135058204360098052 地　址、电话：晋江市世纪大道 91 号 56157702 开户行及账号：中国银行世纪支行 38001203002706230l	备注	（晋江市供电有限公司 9135058204360098052 发票专用章）

收款人：陆明铭　　　复核：李东洪　　　开票人：丁小宝　　　销售方：（章）

表 2-15　　　　　　　**中国农业银行特种转账借方凭证**

币种：人民币　　2018 年 10 月 21 日　　　　　　　　　　　流水号：82063006

付款人	全　称	晋江美登鞋服有限公司	收款人	全　称	晋江市供电有限公司
	账　号	5314018888l6005		账　号	3800120300270623O1
	汇出行	农行晋江支行		开户行	中国银行世纪大道支行
金额	（大写）肆仟肆佰零捌元整			（小写）¥4 408.00	中国农业银行晋江支行 转讫（1） 银行盖章
用途	代收电费				
备注：					

客户回单

业务 8：10 月 25 日，开出转账支票向华菲物业有限公司支付今年第四季度办公楼押金 80 000 元。相关凭证见表 2-16、表 2-17、图 2-4。

表 2-16　　　　　　　　　　**付款审批单**

部门：行政部　　　　　　　　2018 年 10 月 25 日

事　由	支付押金	附件张数	2
付款方式	转账支票	经手人	陈立
项目内容	金　额	部门领导	张旭升
押金	80 000.00	单位负责人	张金勇
		财务主管	王明堂
合计	¥ 80 000.00	出　纳	刘心

表 2-17　　　　　　　　　　**收　据**

2018 年 10 月 25 日

今收到晋江美登鞋服有限公司交来租赁办公楼的押金人民币捌万元整（¥80 000）。

项目内容	金　额	合　计
押金	¥ 80 000.00	¥ 80 000.00
人民币（大写）：	人民币捌万元整	
收款人（盖章）	华菲物业有限公司 913505810246707328 财务专用章	

负责人：　　　　会计：　　　　　　　出纳：陈浩　　　　制单：吕清清

```
        中国农业银行
         转账支票存根
         28015850
         32068122
    附加信息

    出票日期：2018 年 10 月 25 日
    | 收款人：华菲物业有限公司 |
    | 金额：¥ 80 000.00 |
    | 用途：办公楼押金 |
    单位主管：        会计：
```

图 2 - 4

业务 9：10 月 25 日，开出转账支票向华菲物业有限公司支付今年第四季度办公楼租金 60 000 元，增值税专用发票上注明进项税额为 6 000 元。相关凭证见表 2 - 18、表 2 - 19、图 2 - 5。

表 2 - 18　　　　　　　　　　　　**付款审批单**

部门：行政部　　　　　2018 年 10 月 25 日

事　　由	支付第四季度租金	附件张数	2
付款方式	转账支票	经手人	陈立
项目内容	金　　额	部门领导	张旭升
办公楼租金	66 000.00	单位负责人	张金勇
		财务主管	王明堂
合　计	¥ 66 000.00	出　　纳	刘心

表2-19

福建增值税专用发票

3500163130

No.00286301

开票日期：2018年10月25日

购货单位	名　　　称：晋江美登鞋服有限公司 纳税人识别号：91350582082682278F 地　址、电话：晋江青阳新华街0595-82007110 开户行及账号：农行晋江支行531401888816005	密码区	12+5058*<1302*-73488<2*/2601751 </56<9223*471+45>104-7*75*87> 510664+*<9135058022601223+*282+5 >75>/1</56<4-7*75*87>510664*

货物或应税劳务名称	规格型	单位	数量	单价	金额	税率	税额
办公楼租金				60 000.00	60 000.00	10%	6 000.00
合　　计					￥60 000.00		￥6 000.00

| 价税合计（大写） | ⊗陆万陆仟元整　　（小写）￥66 000.00 |||||||

| 销货单位 | 名　　　称：华菲物业有限公司
纳税人识别号：913036024016508047
地　址、电话：青阳新街北路82068309
开户行及账号：中国银行3801099060003220682 | 备注 | （华菲物业有限公司 913036024016508047 发票专用章） |

收款人：　　　　复核：　　　　开票人：　　　　销售方（章）

第三联　发票联　购买方记账凭证

```
┌─────────────────────────────┐
│      中国农业银行            │
│      转账支票存根            │
│      28015850               │
│      32068123               │
│  附加信息......             │
│  ..........................  │
│                             │
│  出票日期：2018年10月25日    │
│  ┌─────────────────────┐   │
│  │ 收款人：华菲物业有限公司 │   │
│  ├─────────────────────┤   │
│  │ 金额：￥66 000.00    │   │
│  ├─────────────────────┤   │
│  │ 用途：办公楼租金     │   │
│  └─────────────────────┘   │
│  单位主管：　　会计：        │
└─────────────────────────────┘
```

图2-5

业务10：10月28日，以存款购买专利权300 000元，增值税专用发票上注明进项税额为18 000元。摊销期限10年。相关凭证见表2-20至表2-22。

表2-20 　　　　　　　　　　　　**付款审批单**

部门：行政部　　　　　　　　　　2018年10月28日

事　　由	购买专利权	附件张数	2
付款方式	转账支票	经手人	张旭升
项目内容	金　　额	部门领导	张旭升
ZX专利权	318 000.00	单位负责人	张金勇
		财务主管	王明堂
合　　计	￥318 000.00	出　　纳	刘心

表2-21 　　　　　　　　　　**福建增值税专用发票**

3500102531　　　　　　　　　　　　　　　　　　　　　　　　　No. 01580262

　　　　　　　　　　　　　　发票联　　　　　　　　　　　开票日期：2018年10月28日

购货单位	名　　称	晋江美登鞋服有限公司	密码区	8<2*-7348/1</56<8*8*15<17>8+12* <*47857*717-7*75*87>510>2+*282+5 >>5*47*466</431087#2*15<1+8*8*15 <17>847857*71828*835*<946>80>2*/96		
	付款方识别号：91350582082682278F					
	地址、电话：晋江青阳新华街0595-82007110					
	开户行及账号：农行晋江支行531401888816005					
货物或应税劳务名称	规格型号	单位	数量	单价	金　额	税率	税额
ZX专利权					300 000.00	6%	18 000.00
合　　计					￥300 000.00		￥18 000.00
价税合计（大写）	⊗叁拾壹万捌仟元整					（小写）￥318 000.00	
销货单位	名　　称	石狮市华阳科技有限公司	备注			
	纳税人识别号：913505810258910359					
	地址、电话：石狮市南岸路901号52270216					
	开户行及账号：建设银行南区38002200555014101					

收款人：　　　　　复核：　　　　　开票人：　　　　　销售方：（章）

表 2-22　　　　　　　中国农业银行电汇凭证（回　单）　　1

☑ 普通　□加急　　　委托日期 2018 年 10 月 28 日　　　　XV 00647959

汇款人	全　称	晋江美登鞋服有限公司	收款人	全　称	石狮市华阳科技有限公司
	账　号	531401888816005		账　号	38002200555014101
	汇出地点	农行晋江支行		汇入地点	石狮市南岸路 901 号
汇出行名称		农业银行青阳支行	汇入行名称		建设银行南区支行
金额		人民币（大写）叁拾壹万捌仟元整			亿 千 百 十 万 千 百 十 元 角 分 　　　　　¥ 3 1 8 0 0 0 0 0

汇出行签章　　　　　　　支付密码
　　　　　　　　　　　　附加信息及用途：购买专利权
　　　　　　　　　　　　　　复核　　记账

（盖章："中国农业银行晋江支行 转讫（1）"）

此联汇出行给汇款人的回单

业务 11：10 月 29 日，以现金支付行政部门的人才招聘广告费 943.40 元，增值税专用发票上注明进项税额为 56.60 元。相关凭证见表 2-23、表 82-24。

表 2-23　　　　　　　　　**付款审批单**

部门：行政部　　　　　　　　2018 年 10 月 29 日

事　由	支付人才招聘广告费	附件张数	1
付款方式	现金	经手人	陈立
项目内容	金　额	部门领导	张旭升
广告费	1 000.00	单位负责人	张金勇
		财务主管	王明堂
合计	¥1 000.00	出　纳	刘心

表 2-24

福建增值税专用发票

3500163131

No. 01586807

开票日期：2018 年 10 月 29 日

购货单位	名　　　称：晋江美登鞋服有限公司 付款方识别号：913505820826822278F 地 址、电 话：晋江青阳新华街 0595-82007110 开户行及账号：农行晋江支行 531401888816005	密码区	8 <2 * -7348/1 </56 <8 * 8 * 15 <17 >8 +12 * < * 47857 * 717 - 7 * 75 * 87 >510 >2 + * 282 +5 > >5 * 47 * 466 </431087 #2 * 15 <1 +8 * 8 * 15 <17 >847857 *

货物或应税劳务名称	规格型号	单位	数量	单价	金额	税率	税额
广告费					943.40	6%	56.60
合　　计					￥943.40		￥56.60

价税合计（大写）	⊗壹仟元整	（小写）￥1 000.00

销货单位	名　　　称：泉州市好工作人才网 纳税人识别号：913505810258940129 地 址、电 话：泉州市温陵路 12 号 22279818 开户行及账号：泉州农业银行 5315016001204536	备注	（泉州市好工作人才网 发票专用章）

收款人：　　　　　　复核：　　　　　　开票人：　　　　　　销售方：（章）

业务 12：10 月 31 日，计提无形资产摊销费。相关凭证见表 2-25。

表 2-25

无形资产摊销表

企业名称：晋江美登鞋服有限公司　　　　　　　　　　　　　　　2018 年 10 月 31 日

项　　目	摊销期	摊销总额	月摊销额
ZX 专利权	10 年	300 000.00	
合　　计			

会计主管：王明堂　　　　　　复核：李飞　　　　　　制单：陈翔

业务 13：10 月 30 日，以现金购买印花税票 300.00 元。相关凭证见表 2-26、表 2-27。

表 2-26

付款审批单

部门：财务部　　　　　　2018 年 10 月 31 日

事　　由	购买印花税票	附件张数	1
付款方式	现金	经手人	李飞
项目内容	金额	部门领导	王明堂
印花税票	300.00	单位负责人	张金勇
		财务主管	王明堂
合　　计	￥300.00	出　纳	刘心

表 2-27

中华人民共和国印花税票销售凭证

填制日期：2018 年 10 月 31 日

购买单位	晋江美登鞋服有限公司		购买人	李飞	
面值种类	数量	金额	面值种类	数量	金额
一角票			伍元票	10	50.00
贰角票			拾元票	4	40.00
五角票			伍拾元票	2	100.00
壹元票			壹佰元票	1	100.00
贰元票	5	10.00	总计	22	300.00
金额合计	人民币（大写）叁佰元整				
销售单位（盖章）			售票人（章略）		

（贴于账簿扉页的右上角并划斜线注销）

业务 14：10 月 31 日，计算本月职工工资 52 000.00 元，其中行政管理人员工资 46 000.00 元，销售机构人员工资 6 000.00 元。相关凭证见表 2-28。

表 2-28

工资总额及应扣款项计算表

2018 年 10 月 31 日　　　　　　　　　　　　　　　　　　　　　单位：元

部门	类别	人数	应付工资	养老保险（8%）	医疗保险（2%）		失业保险（1%）	住房公积金（8%）	个人所得税	扣款合计	实发工资
					基本医疗	大病救助					
总经理办公室		4	20 000.00	1 600.00	400.00	40.00	200.00	1 600.00	132.00	4 272.00	16 028.00
财务部		4	14 000.00	1 120.00	280.00	40.00	140.00	1 120.00	17.00	2 717.00	11 283.00
采购部		4	12 000.00	960.00	240.00		120.00	960.00		2 320.00	9 680.00
专设销售机构		2	6 000.00	480.00	120.00	20.00	60.00	480.00		1 160.00	4 840.00
合计		14	52 000.00	4 160.00	1 040.00	140.00	520.00	4 160.00	149.00	10 169.00	41 831.00

会计主管：王明堂　　　　　　　复核：李飞　　　　　　　制单：陈翔

业务 15：10 月 31 日，按工资总额计提本月单位负担的社会保险费和住房公积金（养老保险 20%，医疗保险 8%，失业保险 2%，工伤保险 0.5%，生育保险 0.8%，住房公积金 8%）。相关凭证见表 2-29。

表 2-29

"五险一金"计算表

2018 年 10 月 31 日　　　　　　　　　　　　　　　　　单位：元

应借账户	工资总额	养老保险（20%）	医疗保险（8%）	失业保险（2%）	工伤保险（0.5%）	生育保险（0.8%）	住房公积金（8%）	合计
管理费用								
销售费用								
合　计								

会计主管：王明堂　　　　　　　复核：李飞　　　　　　　制单：陈翔

业务 16：10 月 31 日，分摊本月应负担的办公楼租金。相关凭证见表 2-30。

表 2-30

办公楼租金分配表

企业名称：晋江美登鞋服有限公司　　2018 年 10 月 31 日　　　　　单位：元

项目	时间	总金额	每月租金
办公楼租金	2018 年 10—12 月	60 000.00	
合　计			

会计主管：王明堂　　　　　　　复核：李飞　　　　　　　制单：陈翔

业务 17：10 月 31 日，结转本月费用类账户。相关凭证见表 2-31。

表 2-31

费用类账户发生额

2018 年 10 月 31 日　　　　　　　　　　　　　　　　　单位：元

账户名称	本期借方发生额	本期贷方发生额
合　计		

二、实训要求

1. 审核原始凭证并填制记账凭证。
2. 编制记账凭证汇总表。
3. 登记日记账、明细账、总账。
4. 编制资产负债表、利润表。

模块三

正式生产经营一种产品的业务实训

一、晋江美登鞋服有限公司 2018 年 11 月发生的经济业务事项

业务 1：11 月 1 日，向石狮东盛布业有限公司购买棉布 20 000 米，单价 19.92 元，里布 20 000 米，单价 6.50 元，增值税专用发票上注明进项税额为 84 544 元。款项尚未支付。以现金支付运费 500 元，增值税专用发票上注明进项税额为 50 元，材料尚在运输途中。相关凭证见表 3 – 1 至表 3 – 3。

表 3 – 1　　　　　　　　　　　　　　**付款审批单**

部门：采购部　　　　　　　　　　　2018 年 11 月 01 日

事　　由	材料运费	附件张数	1
付款方式	现金	经手人	方伟
项目内容	金　　额	部门领导	张旭升
运费	550.00	单位负责人	张金勇
		财务主管	王明堂
合计	¥550.00	出　　纳	刘心

表 3-2

福建增值税专用发票

No. 01586807

3500163131　　　　　　　　　　　　　　　　　开票日期：2018 年 11 月 01 日

购货单位	名称：晋江美登鞋服有限公司	密码区	+12 * < * -73488 <2 */1 </56 <8 * 8 * 15 <17 > 8491350581025891035991350581025891035991350581025891035991350581025891035991350581025891035991350581025891035991350581025891035991350581025891035991350581025891035991350581025891035991350581025891035
	付款方识别号：913505820826 82278F		8491350581025891035991350810258910359 * 47 * 7 - 7
	地址、电话：晋江青阳新华街 0595-82007110		* 75 * 913505810258910359 + * 282 +5 > >466 </5 +
	开户行及账号：农行晋江支行 531401888816005		35 * <28 * 8 * 15 <17 >847857 * 71828 * 8 * 15 <17 >

货物或应税劳务名称	规格型号	单位	数量	单价	金额	税率	税额
棉布		米	20 000	19.92	398 400.00	16%	63 744.00
里布		米	20 000	6.50	130 000.00	16%	20 800.00
合计					¥528 400.00		¥84 544.00

价税合计（大写）	⊗陆拾壹万贰仟玖佰肆拾肆元整	（小写） ¥612 944.00

销货单位	名称：石狮东盛布业有限公司	备注	（石狮东盛布业有限公司 913505839862340806 发票专用章）
	纳税人识别号：913505839862340806		
	地址、电话：石狮工业区 85786156		
	开户行及账号：石狮农业银行 5315016537185537		

收款人：　　　　复核：　　　　开票人：　　　　销售方：（章）

表 3-3

福建增值税专用发票

No. 01586807

3500163131　　　　　　　　　　　　　　　　　开票日期：2018 年 11 月 01 日

购货单位	名称：晋江美登鞋服有限公司	密码区	+12 * < * -73488 <2 */1 </56 <8 * 8 * 15 <17 >
	付款方识别号：913505820826 82278F		>8447 * 7 - 7 * 75 * 87 >510 >2 + * 282 +5 > >466
	地址、电话：晋江青阳新华街 0595-82007110		</5 +35 * <28 * 8 * 15 <17 >847857 * 71828 * 8 *
	开户行及账号：农行晋江支行 531401888816005		15 <17 >84 * /96946 >80 >2 + * 282 +5 > >4688 <
			2 */ <215 & 50247 # 102 * 80702

货物或应税劳务名称	规格型号	单位	数量	单价	金额	税率	税额
运费					500.00	10%	50.00
合计					¥500.00		¥50.00

（现金付讫）

价税合计（大写）	⊗伍佰伍拾元整	（小写） ¥550.00

销货单位	名称：石狮市顺达物流公司	备注	（石狮市顺达物流公司 913505832345683468 发票专用章）
	纳税人识别号：913505832345683468		
	地址、电话：石狮工业园区 85780898		
	开户行及账号：石狮农业银行 53150160070128610		

收款人：　　　　复核：　　　　开票人：　　　　销售方：（章）

业务 2：11 月 1 日，用现金购买计算器等办公用品 600 元，增值税专用发票上注明进项税额为 96 元。平均分配给财务部和专设销售部门。相关凭证见表 3-4 至表 3-6。

表 3-4　　　　　　　　　　　　**福建增值税专用发票**

No.01586807

3500163130　　　　　　　　　　　　　　　　　开票日期：2018 年 11 月 01 日

购货单位	名　称：晋江美登鞋服有限公司 付款方识别号：91350582082682278F 地址、电话：晋江青阳新华街 0595-82007110 开户行及账号：农行晋江支行 531401888816005	密码区	+12＊＜＊-73488＜2＊/1＜/56＜8＊8＊15＜17 ＞840＞2＋＊75＊87＊47　7-7＞51＊282＋5＞＞ 466＜/5＜17＞84＋35＜＜28＊8＊157857＊71828＞ 8＊15＜17＞84＊/96946＞80＞2＋＊282＋5＞＞

货物或应税劳务名称	规格型号	单位	数量	单价	金额	税率	税额
计算器		个	10	60.00	600.00	16%	96.00
合计					￥600.00	16%	￥96.00

价税合计（大写）	⊗陆佰玖拾陆元整	（小写）￥696.00

销货单位	名　称：晋江浪潮百货公司 纳税人识别号：913505820138906808 地址、电话：晋江世纪大道 82001238 开户行及账号：晋江农业银行 53150160002310876	备注	

收款人：　　　　　　复核：　　　　　　开票人：　　　　　　销售方：（章）

表 3-5　　　　　　　　　　　　**付款审批单**

部门：行政部　　　　　　　　　2018 年 11 月 01 日

事　由	购买办公用品	附件张数	2
付款方式	现金	经手人	陈立
项目内容	金　额	部门领导	张旭升
办公用品	696.00	单位负责人	张金勇
		财务主管	王明堂
合计	￥696.00	出　纳	刘心

表 3-6　　　　　　　　　　　　**办公用品领用单**

领用品名：计算器等　　　　　　2018 年 11 月 01 日

领用部门	领发数量	金额
财务部	5	300.00
专设销售部门	5	300.00
合计	10	￥600.00

审核：张旭升　　　　　　　　　　　　　　　　　制表：陈立

业务 3：11 月 2 日，向石狮东盛布业有限公司购买棉布、里布到达，并验收入库，运费按数量分配。相关凭证见表 3-7。

表 3-7

收 料 单

供货单位：东盛布业　　　　　　2018 年 11 月 02 日　　　　　　编号 0053201

物资编号	名称	规格	数量		实际成本			
			应收	实收	单价	总价	运杂费	合计
	棉布		20 000	20 000				
	里布		20 000	20 000				
	合　计							

备注：运杂费分配标准　　按数量比例分配

经手人：王宏为　　　　　　　　　保管员：张东祥

第二联　记账联

业务 4：11 月 3 日，销售部林艺预支差旅费 3 000 元，以现金支付。相关凭证见表 3-8、表 3-9。

表 3-8

付款审批单

部门：销售部　　　　　　　　　2018 年 11 月 03 日

事　由	预借差旅费	附件张数	1
付款方式	现金	经手人	林艺
项目内容	金额	部门领导	张旭升
差旅费	3 000.00	单位负责人	张金勇
		财务主管	王明堂
合计	¥3 000.00	出　纳	刘心

表 3-9

借 款 单

借款日期：2018 年 11 月 03 日　　　　　　　　　　　　　　　　No.56087018

借款部门	销售部门	借款人	林艺								
借款原因	洽谈业务出差										
借款金额（大写）	叁仟元整		十万	万	千	百	十	元	角	分	
				¥	3	0	0	0	0	0	
单位（或部门）负责人意见： 同意　　张金勇 2018 年 11 月 03 日	还款日期与金额				借款人盖章 林艺						

（现金付讫）

业务 5：11 月 3 日，生产车间生产男式夹克领用棉布 15 000 米。相关凭证见表 3-10。

表 3-10　　　　　　　　　　　　　领　料　单

领料部门：生产车间　　　　　2018 年 11 月 03 日　　　　　　　　　　No.001101

材料类别	材料名称及规格	计量单位	请领数量	实发数量	单价	金额	用途
主料	棉布	米	15 000	15 000			生产男式夹克

车间主管：许可　　　　　　　仓管员：张东祥　　　　　　　　　　制单：万达

业务 6：11 月 4 日，生产车间生产男式夹克领用里布 12 000 米。相关凭证见表 3-11。

表 3-11　　　　　　　　　　　　　领　料　单

领料部门：生产车间　　　　　2018 年 11 月 04 日　　　　　　　　　　No.001102

材料类别	材料名称及规格	计量单位	请领数量	实发数量	单价	金额	用途
主料	里布	米	12 000	12 000			生产男式夹克

车间主管：许可　　　　　　　仓管员：张东祥　　　　　　　　　　制单：万达

业务 7：11 月 4 日，向晋江晋兴拉链有限公司购买拉链 30 000 条，单价 0.90 元，线 2 000 粒，单价 8.60 元，增值税专用发票上注明进项税额为 7 072 元，款项尚未支付，材料验收入库。相关凭证见表 3-12、表 3-13。

表 3-12

福建增值税专用发票

No. 01174095

3500163130　　　　　　　　　　　　　　　　开票日期：2018 年 11 月 04 日

购货单位	名　　称	晋江美登鞋服有限公司	密码区	3＜＊-734424＜＊-788＜2＊/1＜/56＜88＜2＊/1＜/56＜104-7＊671＋＞75＊87＊51671＋＞104-7＊75＜88＜2028＊＜17023＋75＞8478228＊＜17＞518228＊＜17＞847＊02＊189465＞2＋＊282＞＞468
	纳税人识别号	91350582082682278F		
	地址、电话	晋江青阳新华街 0595-82007110		
	开户行及账号	农行晋江支行 531401888816005		

货物或应税劳务名称	规格型号	单位	数量	单价	金额	税率	税额
拉链		条	30 000	0.90	27 000.00	16%	4 320.00
线		粒	2 000	8.60	17 200.00	16%	2 752.00
合计					￥44 200.00		￥7 072.00

价税合计（大写）	⊗伍万壹仟贰佰柒拾贰元整	（小写）￥51 272.00

销货单位	名　　称	晋江晋兴拉链有限公司	备注	（晋江晋兴拉链有限公司 91350582132 0803511 发票专用章）
	纳税人识别号	913505821320803511		
	地址、电话	晋江市深沪镇东区 85213352		
	开户行及账号	工行深沪分理处 1400281002005427012		

收款人：　　　复核：　　　开票人：　　　销售方：（章）

表 3-13

收 料 单

供货单位：晋兴拉链　　　2018 年 11 月 04 日　　　编号 0053202

物资编号	名称	规格	数量		实际成本			
			应收	实收	单价	总价	运杂费	合计
	拉链		30 000	30 000				
	线		2 000	2 000				
合　计								

备注：运杂费分配标准　　按数量比例分配

经手人：王宏为　　　　　　　　　　保管员：张东祥

业务 8：11 月 6 日，归还东盛布业的货款 650 000 元，多付的部分为预付款。相关凭证见表 3-14、表 3-15。

表 3-14

付款审批单

部门：财务部　　　2018 年 11 月 06 日

事　　由	归还东盛布业的货款	附件张数	1
付款方式	电汇	经手人	刘心
项目内容	金额	部门领导	王明堂
支付货款	650 000.00	单位负责人	张金勇
		财务主管	王明堂
合计	￥650 000.00	出　纳	刘心

表3-15　　　　　　　中国农业银行　电汇凭证（回单）

委托日期：2018年11月06日　　　　　　　　　　　　　　　　No.00217305

收款人	全　称	石狮东盛布业有限公司	汇款人	全　称	晋江美登鞋服有限公司
	账　号	5315016537185537		账　号	531401888816005
	汇出地点	福建省　石狮市/县		汇入地点	福建省　晋江市/县
	汇出行名称	农业银行		汇入行名称	农行晋江支行

金额	人民币（大写）	陆拾伍万元整(1)	亿	千	百	十	万	千	百	十	元	角	分
						¥	6	5	0	0	0	0	0	0

汇出行签章	支付密码	
	附加信息及用途：货款	
	复核　　　　　　　记账	

（加盖"中国农业银行石狮市支行""转讫"印章）

业务9：11月7日，生产车间生产男式夹克领用线700粒。相关凭证见表3-16。

表3-16　　　　　　　　　　　　领　料　单

领料部门：生产车间　　　　　　2018年11月07日　　　　　　No.001103

材料类别	材料名称及规格	计量单位	请领数量	实发数量	单价	金额	用途
辅料	线	粒	700	700			生产男式夹克

车间主管：许可　　　　　　仓管员：张东祥　　　　　　制单：万达

业务10：11月8日，生产车间生产男式夹克领用线拉链12 000条。相关凭证见表3-17。

表3-17　　　　　　　　　　　　领　料　单

领料部门：生产车间　　　　　　2018年11月08日　　　　　　No.001104

材料类别	材料名称及规格	计量单位	请领数量	实发数量	单价	金额	用途
辅料	拉链	条	12 000	12 000			生产男式夹克

车间主管：许可　　　　　　仓管员：张东祥　　　　　　制单：万达

业务11：11月8日，转账支付上月代扣代缴的个人所得税149元。相关凭证见表3-18、表3-19。

表 3-18

付款审批单

2018 年 11 月 08 日

部门：财务部

事　　由	缴交个人所得税	附件张数	1
付款方式	转账	经手人	李飞
项目内容	金额	部门领导	王明堂
个人所得税	149.00	单位负责人	张金勇
		财务主管	王明堂
合　　计	¥149.00	出　　纳	刘心

表 3-19

中华人民共和国 税收通用缴款书

注册类型：经营企业　　　　填发日期：2018 年 11 月 08 日　　　　征收机关：晋江市税务局

缴款单位	代　码	91350582082682278F	预算科目	编　码	021900
	全　称	晋江美登鞋服有限公司		名　称	其他个人所得税、附加税
	开户银行	农行晋江支行		级　次	县区 100%
	账　号	531401888816005	收款国库		晋江支库（中行 1553001830000197）
税款所属时期		2018-10-01 至 2018-10-31	税款限缴日期		2018-11-15

品目名称	课税数量	计税金额或销售收入	税率或单位税额	已缴或扣除额	实缴税额
个人所得税					149.00
金额合计（大写）壹佰肆拾玖元整					¥149.00
税务机关 填票人（章）	缴款单位（盖章）经办人（章）	上列款项已收妥并划转收款单位账户 国库（银行）盖章 　　年　月　日		备注	正常申报 0321182010810 王金辉

逾期不缴按税法规定加收滞纳金

业务 12：11 月 8 日，转账支付上月代扣代缴的养老保险 14 560 元，医疗保险 5 340 元，失业保险 1 560 元，工伤保险 260 元，生育保险 416 元，住房公积金 8 320 元。相关凭证见表 3-20 至表 3-22。

表 3-20

付款审批单

2018 年 11 月 08 日

部门：财务部

事　　由	缴交社保费及住房公积金	附件张数	2
付款方式	转账	经手人	刘心
项目内容	金额	部门领导	王明堂
社保费	22 136.00	单位负责人	张金勇
住房公积金	8 320.00	财务主管	王明堂
合　　计	¥30 456.00	出　　纳	刘心

表 3－21 中华人民共和国 （2018）闽税缴电字

税收通用缴款书 3030509

隶属关系：镇

注册类型：经营企业 填 8 发日期：2018 年 11 月 08 日 征收机关：晋江市税务局

<table>
<tr><td rowspan="4">缴款单位</td><td>代 码</td><td>91350582082682278F</td><td rowspan="3">预算科目</td><td>编 码</td><td>P71900</td></tr>
<tr><td>全 称</td><td>晋江美登鞋服有限公司</td><td>名 称</td><td>基本养老保险基金</td></tr>
<tr><td>开户银行</td><td>中国农行晋江支行</td><td>级 次</td><td>县区 100%</td></tr>
<tr><td>账 号</td><td>531401888816005</td><td colspan="2">收款国库</td><td>晋江支库（中行 1553001830000197）</td></tr>
<tr><td colspan="2">税款所属时期</td><td>2018－10－01 至 2018－10－31</td><td colspan="2">税款限缴日期</td><td>2018－11－15</td></tr>
</table>

无银行收讫章无效

品目名称	课税数量	计税金额或销售收入	税率或单位税额	已缴或扣除额	实缴税额
基本养老保险基金收入					14 560.00
医疗保险					5 340.00
失业保险基金收入					1 560.00
工伤保险					260.00
生育保险					416.00
金额合计	（大写）贰万贰仟壹佰叁拾陆元整				￥22 136.00
税务机关（盖章）填票人（章）	缴款单位（人）（盖章）经办人（章）	上列款项已收妥并划转收款单位账户国库（银行）盖章 年 月 日		备注	正常申报 0321182010810 王金辉

逾期不缴按税法规定加收滞纳金

表 3－22 中国农业银行晋江支行住房公积金汇缴书

2018 年 11 月 08 日 字第 7208 号

<table>
<tr><td colspan="2">单位名称</td><td colspan="3">晋江美登鞋服有限公司</td><td colspan="3">汇缴：2018 年 10 月份</td></tr>
<tr><td colspan="2">开户行</td><td colspan="2">农行晋江支行</td><td>单位账号 531401888816005</td><td colspan="3">汇缴人：刘心</td></tr>
<tr><td colspan="2">金额</td><td colspan="3">人民币（大写）：捌仟叁佰贰拾元整</td><td colspan="3">千 百 十 万 千 百 十 元 角 分
￥ 8 3 2 0 0 0</td></tr>
<tr><td colspan="2">上次汇缴</td><td colspan="2">本次增加汇缴</td><td colspan="2">本次减少汇缴</td><td colspan="2">本次汇缴</td></tr>
<tr><td>人数</td><td>金额</td><td>人数</td><td>金额</td><td>人数</td><td>金额</td><td>人数</td><td>金额</td></tr>
<tr><td></td><td></td><td>14</td><td>￥8 320.00</td><td></td><td></td><td>14</td><td>￥8 320.00</td></tr>
<tr><td colspan="2">付款行</td><td colspan="2">付款账号</td><td>支票号码</td><td colspan="3" rowspan="3">收款银行盖章</td></tr>
<tr><td colspan="2">农行晋江支行</td><td colspan="2">531401888816005</td><td></td></tr>
<tr><td colspan="5"></td></tr>
</table>

第一联 银行盖章后退单位

业务13：11月9日，向福建益庆纸业有限公司购买纸箱1 000个，单价3.00元，包装袋500卷，单价20.80元，增值税专用发票上注明进项税额为2 144.00元，款项尚未支付。材料验收入库。相关凭证见表3-23、表3-24。

表3-23   **福建增值税专用发票**

No.01623802

3500160130   开票日期：2011年11月09日

购货单位	名　　称：晋江美登鞋服有限公司 纳税人识别号：350582195509738 地址、电话：晋江青阳新华街 0595-82007110 开户行及账号：农行晋江支行 531401888816005	密码区	1250 + * < * -734524 * 75 * 88 < 2 * * 471 + >10/56 < 52 * 452 * 471 + > 104 * 75 * 71 + > 104 * 75 * 87 > 510 + 054 * < 28 * 8152 * 471 + > 104 * 75 * 5 < 17 > 785182523 * /9526946 > >

货物或应税劳务名称	规格型号	单位	数量	单价	金额	税率	税额
纸箱		个	1 000	3.00	3 000.00	16%	480.00
包装袋		卷	500	20.80	10 400.00	16%	1 664.00
合计					￥13 400.00		￥2 144.00

价税合计（大写）	⊗壹万伍仟伍佰肆拾肆元整	（小写）￥15 544.00

销货单位	名　　称：福建益庆纸业有限公司 纳税人识别号：913505826115651903 地址、电话：晋江市金井镇工业区 5383408 开户行及账号：金井工行 1408012509007008906	备注	（发票专用章）

收款人：　　　　　复核：　　　　　开票人：　　　　　销售方：（章）

表3-24   **收　料　单**

供货单位：益庆纸业　　　　　2018年11月09日　　　　　编号0053203

物资编号	名称	规格	数量		实际成本			
			应收	实收	单价	总价	运杂费	合计
	纸箱		1 000	1 000				
	包装袋		500	500				
	合　计							

备注：运杂费分配标准　　按数量比例分配

经手人：王宏为　　　　　　　　　　　保管员：张东祥

业务14：11月10日，与泉州诚信机械制造公司签订设备租赁合同，将生产车间使用车床出租，租期6个月，每月租金10 000元，增值税专用发票上注明销项税额为1 600元。一次收取押金30 000元。该车床原值150 000元，尚未计提折旧，相关凭证见图3-1、表3-25、表3-26。

生产设备租赁合同（简化版）

合同编号：12076109

依据《合同法》及有关法律法规，租赁双方就车床租赁事宜协商一致，订立本合同。

第一条　出租设备情况　名称：自动化车床；数量1台。

第二条　租赁期限　设备租赁期限为6个月，即自2018年11月10日至2018年5月10日。

第三条　租金、押金及交付方式

1. 设备租赁价格：每月租金10 000元（不含税），人民币大写壹万元整。

    一次性收取押金30 000元，人民币大写叁万元整。

2. 租赁期满，甲方扣除应付租赁物资缺损赔偿金后的押金余额退还承租方。

3. 支付方式：合同签订后10天内按月支付。

4. 租赁物交付的时间、地点、方式及验收：出租人在合同签订地点将租赁物交给承租人，承租人开机，实地实物验收，承租人签订本合同表示对该租赁物已验收。

第四条　注意事项

1. 租赁设备的所有权：租赁设备的所有权属于出租方，承租方对租赁设备只享有租赁期间使用权。

2. 乙方在租用期间不得转租，不能中途退租，也不得以任何理由对设备进行抵押；乙方不能擅自拆改设备，必须爱惜使用，确保设备完好无损，否则造成的一切损失由乙方承担。

3. 在履行过程中发生争议，由双方当事人协商解决；本合同一式两份，由甲乙双方各执一份。合同自双方签字日起生效。

出租人：晋江美登鞋服有限公司　　　承租人：泉州市诚信机械制造有限公司

法人代表：张金勇　　　　　　　　　法人代表：汪锋海

签订日期：2018年11月10日　　　　签订日期：2018年11月10日

图3-1　生产设备租赁合同

表3-25

固定资产调拨凭证

2018年11月10日　　　　　　　　　　　　　　　　　调字第1号

调出单位	晋江美登鞋服有限公司				调入单位		泉州市诚信机械制造有限公司		
设备编号	设备名称	型号规格	单位	数量	资产情况			调出价（元）	
					已用年限	原值（元）	已提折旧（元）	净值（元）	
103003	自动化车床		台	1	0个月	150 000.00	0	150 000.00	

核准机关	同意出租　晋江美登鞋服有限公司（盖章）　2018年11月10日	调出单位			调入单位			备注
		企业负责人	财务负责人	设备负责人	企业负责人	财务负责人	设备负责人	
		张金勇	李飞	陈大海	林浩宏	章小化	陈斌	

①列设备的交接手续，限于6月10日前办理完毕，逾期未办，将此单退回注销。

②本表一式三联，由调出单位登记资产情况并签署后交单位加印鉴。

③第一联退核准机关，第二联调入单位作资产调入凭证，第三联调出单位作调出凭证。

第三联　调出凭证

表 3-26

福建增值税专用发票

No.032162013

3500163130

此联不作报销、扣税凭证　　开票日期：2018 年 11 月 12 日

购货单位	名　　　称	泉州市诚信机械制造有限公司	密码区	88＜2＊53734＊46＞0/1＜/56＜9＞2＋＊25＞ 8＊08＞%5＞0410＋128－87＞5＋＞1＊815＜ 1#87＞8474＊/9681＊/809＊46＞5＞＞2＋＊ 25＞＞461＜/5＞10408＊%58＊＋87＞510＋
	纳税人识别号：	913505806895423807		
	地址、电话：	泉州市南环路 91 号　22206547		
	开户行及账号：	建设银行南区支行 4211267022541009		

货物或应税劳务名称	规格型号	单位	数量	单价	金额	税率	税额
租金					10 000.00	16%	1 600.00
价税合计（大写）	⊗壹万壹仟陆佰元整				（小写）￥11 600.00		

销货单位	名　　　称	晋江美登鞋服有限公司	备注	
	纳税人识别号：	91350582082682278F		
	地址、电话：	晋江青阳新华街 0595-82007110		
	开户行及账号：	农行晋江支行 531401888816005		

收款人：　　　　　　复核：　　　　　　开票人：李飞　　　　　　销售方：（章）

业务 15：11 月 12 日，收到银行进账通知，泉州诚信机械制造公司转来 41 600 元。相关凭证见表 3-27。

表 3-27

中国建设银行进账单（收款回单）3

2018 年 11 月 12 日

付款人	全称	泉州市诚信机械制造有限公司	收款人	全称	晋江美登鞋服有限公司
	账号	4211267022541009		账号	531401888816005
	开户行	建设银行南区支行		开户行	农行晋江分行

金额	人民币 （大写）	肆万壹仟陆佰元整	亿	千	百	十万	千	百	十	元	角	分
					￥	4	1	6	0	0	0	0

票据种类	转账支票	票据张数	一张
票据号码	102820931		

复核　　　　　　记账　　　　　　　　　　　　开户银行签章

业务 16：11 月 13 日，销售部林艺报销差旅费 2 660 元，增值税专用发票上注明进项税额为 30 元，收回多余现金 310 元。相关凭证见表 3-28 至表 3-30。

表 3-28

收　据

2018 年 11 月 13 日

No.0058202

今收到：销售部门林艺退回差旅费余款人民币 310 元整。
人民币（大写）：叁佰壹拾元整　　　　　　　　　　￥：310.00
事由：归还多余差旅费现金：310.00

收款单位（财务公章）　　　会计：　　　收款人：刘心　　　经手人：林艺

表 3-29

差旅费报销单

2018 年 11 月 13 日

原派出单位：销售部门　　　　　　　　　　　　　　　　　　　单据张数（略）

事　　由：联系业务　出差　　姓名：林艺　　职务：业务员　　预借款：3 000 元　单位：元

起止日期				车船费	住宿费			出差补助		金额合计
月	日	月	日		天数	价款	税款	天数	金额	
11	8	11	10	1 800.00	2	500.00	30.00	3	360.00	2 690.00
合　　计				1 800.00		500.00	30.00		360.00	2 690.00

人民币（大写）贰仟陆佰玖拾元整　　　　　　　　　　应退：310.00

派出单位领导：张明勇　　　财务主管：王明堂　　　复核：　　　　出纳：刘心

表 3-30

广东增值税专用发票

No. 00910826

3500163130　　　　　　　　　　　　　　　　开票日期：2018 年 11 月 13 日

购货单位	名　　称	晋江美登鞋服有限公司	密码区	146 < 85 * + > 1040 * - 734 - 7 * 794 * 26 > 2 + * 25 > 7888 < 2 * / + > 104 - 7 * 7585 * 87 > 5105 * + > 7888 < 2 * / > 17504 - 7 * 87815 < 17 + 18 > 84781 * / 827 > 8472 * 7888 < 2 * / 8 * 28 * 815 < 10/94 * 26 >
	纳税人识别号：913505820826822278			
	地址、电话：晋江青阳新华街 0595-82007110			
	开户行及账号：农行晋江支行 531401888816005			

货物或应税劳务名称	规格型号	单位	数量	单价	金额	税率	税额
住宿费		天	2	250.00	500.00	6%	30.00
合　计					¥500.00		¥30.00

价税合计（大写）	⊗伍佰叁拾元整	（小写）¥530.00

销货单位	名　　称	广州国安大酒店	备注	
	纳税人识别号：91510320845626329E			
	地址、电话：广州滨江大道 52536666			
	开户行及账号：工行滨江分理处 3331525213331001359			

第三联　发票联　购买方记账凭证

收款人：　　　复核：　　　开票人：章敏　　　销售方：（章）

业务 17：11 月 13 日，委托银行代发职工工资 41 831 元，并结转职工工资中代扣养老保险 4 160 元，医疗保险 1 180 元，失业保险 520 元，住房公积金 4 160 元，个人所得税 149 元。相关凭证见表 3-31 至表 3-33。

表 3-31

付款审批单

2018 年 11 月 13 日

部门：财务部

事　　由	发放工资	附件张数	2
付款方式	转账	经手人	刘心
项目内容	工资	部门领导	王明堂
工资	41 831.00	单位负责人	张金勇
		财务主管	王明堂
合计	￥41 831.00	出　　纳	刘心

表 3-32

工资总额及应扣款项计算表

2018 年 11 月 13 日　　　　　　　　　　　　　　　　单位：元

部门	人数	应付工资	养老保险（8%）	医疗保险（2%）		失业保险（1%）	住房公积金（8%）	个人所得税	扣款合计	实发工资
				基本医疗	大病救助					
总经理办公室	4	20 000.00	1 600.00	400.00	40.00	200.00	1 600.00	132.00	4 272.00	16 028.00
财务部	4	14 000.00	1 120.00	280.00	40.00	140.00	1 120.00	17.00	2 717.00	11 283.00
采购部	4	12 000.00	960.00	240.00	40.00	120.00	960.00		2 320.00	9 680.00
专设销售机构	2	6 000.00	480.00	120.00	20.00	60.00	480.00		1 160.00	4 840.00
合计	14	52 000.00	4 160.00	1 040.00	140.00	520.00	4 160.00	149.00	10 169.00	41 831.00

会计主管：王明堂　　　　　　　　　复核：李飞　　　　　　　　　制单：陈翔

表 3-33

中国农业银行电子转账凭证

No.008408618

委托日期 2018 年 11 月 13 日　　　　　　　　　　　第 33 号

付款人	全称	晋江美登鞋服有限公司			收款人	全称	批量代付		
	账号或住址	531401888816005				账号或住址	531401888816005		
	汇出地点	福建省晋江市	汇出行名称	晋江农行		汇入地点	福建省晋江市	汇入行名称	晋江农行

金额	人民币（大写）肆万壹仟捌佰叁拾壹元整	千	百	十	万	千	百	十	元	角	分
				￥	4	1	8	3	1	0	0

附加信息及用途 职工工资	转讫（1）银行盖章	根据客户电子命令，上述款项已由我行支付。客户经办人：　　复核：　　记账：

业务18：11月14日，向福州环宇饰品有限公司购买纽扣500百粒，单价25.50元，商标吊牌20 000枚，单价0.15元，增值税专用发票上注明进项税额为2 520元。款项尚未支付。材料验收入库。相关凭证见表3-34、表3-35。

表3-34　　　　　　　　　　**福建增值税专用发票**

No.01174949

3500163130　　　　　　　　　　　　　　　　　　　开票日期：2018年11月14日

购货单位	名　　称	晋江美登鞋服有限公司	密码区	10＊－73446＜85＊＋＞104－7＊7582＋＊88＜2＊/1＜/5785＊＋＞104－7＊752＋＊87＞51004－7＊8785＊＋＞175＋1815＜17＞8472＋＊81＊/8228＊815＜17＞84728＊04＊/9262＋＊985＊＋
	纳税人识别号	91350582082682278		
	地址、电话	晋江青阳新华街0595-82007110		
	开户行及账号	农行晋江支行531401888816005		

货物或应税劳务名称	规格型号	单位	数量	单价	金额	税率	税额
纽扣		百粒	500	25.50	12 750.00	16%	2 040.00
商标吊牌		枚	20 000	0.15	3 000.00	16%	480.00
合计					￥15 750		￥2 520

价税合计（大写）	⊗壹万捌仟贰佰柒拾元整	（小写）￥18 270.00

销货单位	名　　称	福州环宇饰品有限公司	备注	（福州环宇饰品有限公司 发票专用章 91350120845626329E）
	纳税人识别号	91350120845626329E		
	地址、电话	福州仓山大道65324562		
	开户行及账号	工行仓山分理处3331525213331001359		

收款人：　　　　复核：　　　　开票人：　　　　销售方：（章）

第三联　发票联　购买方记账凭证

表3-35　　　　　　　　**收　料　单**

供货单位：环宇饰品　　　　　2018年11月14日　　　　　　编号0053204

物资编号	名称	规格	数量		实际成本			
			应收	实收	单价	总价	运杂费	合计
	纽扣		500	500				
	商标吊牌		20 000	20 000				
	合　　计							
备注：运杂费分配标准			按数量比例分配					
经手人：王宏为				保管员：张东祥				

第二联　记账联

业务19：11月14日，转账支付印花税750元。相关凭证见表3-36、图3-2。

表 3-36

付款审批单

2018 年 11 月 14 日

部门：财务部

事　　由	支付印花税	附件张数	1
付款方式	转账	经手人	李飞
项目内容	金额	部门领导	王明堂
印花税	750.00	单位负责人	张金勇
		财务主管	王明堂
合计	￥750.00	出纳	刘心

晋江电子缴税系统回单

付款人名称：晋江美登鞋服有限公司	扣款日期：2018.11.14
付款人账号：531401888816005	清算日期：2018.11.14
付款人开户银行：农行晋江支行	
收款人名称：晋江市税务局	收款人账号：10543808
收款人开户银行：国家金库华城支库　代扣税款	小写金额：￥750.00
电子税票号：10123042	大写金额：柒佰伍拾元整
纳税人编码：91350582082682278F	
纳税人名称：晋江美登鞋服有限公司	
税种　　　　所属时期　　　纳税金额　　　备注	
印花税　　20181001—20181031　￥750.00	
经办：　　　复核：　　　打印次数：1　　打印日期	

图 3-2

业务 20：11 月 17 日，开出期限 3 个月的商业承兑汇票抵偿前欠晋兴拉链货款 51 272 元。相关凭证见表 3-37、表 3-38。

表 3-37

付款审批单

2018 年 11 月 17 日

部门：财务部

事　　由	支付货款	附件张数	2
付款方式	商业承兑汇票	经手人	刘心
项目内容	金额	部门领导	王明堂
支付货款	51 272.00	单位负责人	张金勇
		财务主管	王明堂
合计	￥51 272.00	出纳	刘心

表 3-38　　　　　　　　　　　　**商业承兑汇票**　　　　　　　　汇票号码 SC1603

贰零壹捌年壹拾壹月壹拾柒日

收款人	全称	晋兴拉链有限公司	付款人	全称	晋江美登鞋服有限公司
	账号	1400281002005427012		账号	531401888816005
	开户行	工行深沪分理处		开户行	农行晋江支行

金额	人民币（大写）	伍万壹仟贰佰柒拾贰元整	亿	千	百	十	万	千	百	十	元	角	分
							5	1	2	7	2	0	0

汇票到期日	2019年2月16日	交易合同号码	
本汇票已经本单位承兑，到期日无条件支付票款。			
收款人：	付款人盖章：	负责：	经办：
负责：	经办： 年 月 日		

业务 21：11 月 20 日，开出转账支票支付生产车间设备维修费 2 000 元，增值税专用发票上注明进项税额为 320 元。相关凭证见表 3-39、表 3-40、图 3-3。

表 3-39　　　　　　　　　　　　**付款审批单**

部门：生产车间　　　　　　　　　2018 年 11 月 20 日

事由	支付生产设备维修费	经手人	万达
付款方式	转账支票	附件张数	2
项目内容	金额	部门领导	许可
维修费	2 320.00	单位负责人	张金勇
		财务主管	王明堂
合计	￥2 320.00	出纳	刘心

中国农业银行

转账支票存根

28015852
32068210

附加信息

出票日期：2018 年 11 月 20 日

收款人：晋江佳乐服务公司
金额：￥2 320.00
用途：生产设备维修费
备注：
单位主管：　　　　会计：

图 3-3

表3-40

福建增值税专用发票

3500163130

No. 01174095

开票日期：2018年11月20日

购货单位	名　　　称：晋江美登鞋服有限公司 纳税人识别号：91350582082682278F 地址、电话：晋江青阳新华街 0595-82007110 开户行及账号：农行晋江支行 531401888816005	密码区	488<2*/1+32-730</56<52++<2788*081 >845182581/96646>>9>2820>46*03120*471 +0>1*75*87>51052++<28*081>84781> 84511/969>28206>>46*038*46>>8<2*/1

货物及应税劳务的名称	规格型号	单位	数量	单价	金额	税率	税额
设备维修费		个	1	2 000.00	2 000.00	16%	320.00
合计					￥2 000.00		￥320.00

价税合计（大写）	⊗贰仟叁佰贰拾元整	￥2 320.00

销货单位	名　　　称：晋江佳乐服务公司 纳税人识别号：913058080338359125 地址、电话：塘岸街391号 82003238 开户行及账号：建行塘岸街支行 3210007532108615	备注	（晋江佳乐服务公司 发票专用章）

收款人：　　　　复核：　　　　开票人：李梅　　　　销货单位（章）：

业务22：11月21日，银行转账支付电费10 450元，增值税专用发票上注明进项税额为1 672元。相关凭证见表3-41至表3-43。

表3-41

付款审批单

2018年11月21日

部门：财务部

事　　由	支付电费	附件张数	2
付款方式	转账	经手人	刘心
项目内容	金额	部门领导	王明堂
电费	12 122.00	单位负责人	张金勇
		财务主管	王明堂
合计	￥12 122.00	出纳	刘心

表3-42

中国农业银行特种转账借方凭证

币种：人民币　2018年11月21日　　　　　　　　　　　流水号：82563023

付款人	全　称	晋江美登鞋服有限公司	收款人	全　称	晋江市供电有限公司
	账　号	531401888816005		账　号	3800120300270623 01
	汇出地	农行晋江支行		开户行	中国银行世纪大道支行

金额	（大写）壹万贰仟壹佰贰拾贰元整	（小写）￥12 122.00
用途	代收电费	中国农业银行晋江支行 银行盖章 转讫（1）
备注：		

表3-43　　　　　　　　　　　　**福建增值税专用发票**　　　　　　　　　No.180903675

3501897015　　　　　　　　　　　　　　　　　　　　　　　　　开票日期：2018年11月21日

购货单位	名　称：晋江美登鞋服有限公司 纳税人识别号：91350582082682278F 地址、电话：晋江青阳新华街 0595-82007110 开户行及账号：农行晋江支行 531401888816005	密码区	881>8*<28*82<2*/1</56<+32-7304852+ 0581/9>28296478510646>12>46*0305*87** 471+0*128*081>8*751052+*<47>46*081 >84511/969>28<2*20646>38/52+52+*<28*

货物或应税劳务名称	规格型号	单位	数量	单价	金额	税率	税额
工业用电		千瓦时	11 000	0.95	10 450.00	16%	1 672.00
合计					￥10 450.00		￥1 672.00

价税合计（大写）	⊗壹万贰仟壹佰贰拾贰元整	（小写）	￥12 122.00

销货单位	名　称：晋江市供电有限公司 纳税人识别号：91350582043069090252 地址、电话：晋江市世纪大道91号 56157702 开户行及账号：中国银行世纪支行 38001203027062301	备注	（晋江市供电有限公司 发票专用章）

收款人：陆明铭　　　　复核：李东洪　　　　开票人：丁小宝　　　　销货方（章）

业务23：11月21日，开出转账支票支付产品广告费70 000元，增值税专用发票上注明进项税额为4 200元。相关凭证见表3-44、表3-45、图3-4。

表3-44　　　　　　　　　　　　**付款审批单**

部门：销售　　　　　　　　　　　2018年11月21日

事　由	支付产品广告费	附件张数	1
付款方式	现金	经手人	陈立
项目内容	金额	部门领导	张旭升
广告费	74 200.00	单位负责人	张金勇
		财务主管	王明堂
合计	￥74 200.00	出纳	刘心

中国农业银行
转账支票存根
28016852
32067789

附加信息

出票日期：2018 年 11 月 21 日

收款人：	晋江华光广告公司
金额：	￥74 200.00
用途：	产品广告费
备注：	
单位主管：	会计：

图 3 - 4

表 3 - 45

福建增值税专用发票 No. 015876807

3500163131

发票联

购货单位	名　　　称：晋江美登鞋服有限公司 付款方识别号：913505820826822782F 地址、电话：晋江青阳新华街 0595 - 82007110 开户行及账号：农行晋江支行 531401888816005	密码区	8<2* -7348/1 </56<8*8*15<17>8+12< *47857*717 -7*75*87>510>2+ *282+5> 5*47*466</431087#2*15<1+8*8*15<17> 847857*71828*835* <946>80>2*/96+*282

货物或应税劳务名称	规格型号	单位	数量	单价	金额	税率	税额
广告费					70 000.00	6%	4 200.00
合计					￥70 000.00		￥4 200.00

价税合计（大写）	⊗柒万肆仟贰佰元整	（小写）	￥74 200.00

销货单位	名　　　称：晋江华光广告公司 纳税人识别号：913505820826825567 地址、电话：晋江青阳新华街 0595 - 82007990 开户行及账号：农行晋江支行 531401888818899	备注	

收款人：　　　复核：　　　开票人：　　　销售方：（章）

业务 24：11 月 21 日，生产车间生产男式夹克领用纽扣 480 百粒，商标吊牌 12 000 个。相关凭证见表 3 - 46。

表 3-46

领 料 单

领料部门：生产车间　　　　　　2018 年 11 月 21 日　　　　　　　　　No.001105

材料类别	材料名称及规格	计量单位	请领数量	实发数量	单价	金额	用途
辅料	纽扣	百粒	480	480			生产男式夹克
辅料	商标吊牌	个	12 000	12 000			生产男式夹克

车间主管：许可　　　　　　仓管员：张东祥　　　　　　制单：万达

业务 25：11 月 21 日，生产车间生产男式夹克领用包装袋 240 卷，纸箱 1 000 个。相关凭证见表 3-47。

表 3-47

领 料 单

领料部门：生产车间　　　　　　2018 年 11 月 22 日　　　　　　　　　No.001106

材料类别	材料名称及规格	计量单位	请领数量	实发数量	单价	金额	用途
辅料	包装袋	卷	240	240			生产男式夹克
辅料	纸箱	个	1 000	1 000			生产男式夹克

车间主管：许可　　　　　　仓管员：张东祥　　　　　　制单：万达

业务 26：11 月 22 日，以现金向晋江青阳社区养老院捐款 1 000 元。相关凭证见表 3-48、表 3-49。

表 3-48

付款审批单

部门：　　　　　　　　　　　　2018 年 11 月 22 日

事　　由	向养老院捐款	附件张数	1
付款方式	现金	经手人	陈立
项目内容	金额	部门领导	张旭升
捐款	1 000.00	单位负责人	张金勇
		财务主管	王明堂
合计	￥1 000.00	出纳	刘心

表 3-49　　　　　　　　　　**捐款专用收款收据**
2018 年 11 月 22 日

交款单位	晋江美登鞋服有限公司	领款单位	晋江青阳社区养老院	交款方式	现金
金额	人民币（大写）	壹仟元整	亿 千 百 十 万 千 百 十 元 角 分 ¥　　　　1　0　0　0　0　0		
收款事由	爱心捐款	收款单位（盖章）			
复核	记账				

业务 27：11 月 23 日，男式夹克完工入库 2 000 件。相关凭证见表 3-50。

表 3-50　　　　　　　　　　**入　库　单**
交库部门：生产车间　　　　2018 年 11 月 23 日　　　　No. 2171101

产品编号	产品名称及规格	计量单位	送检数量	实收数量	单位成本	总成本	备注
	男式夹克	件	2 000	2 000			男式夹克完工入库

财务主管：　　　　　　仓管员：张东祥　　　　　　制单：万达

业务 28：11 月 24 日，男式夹克完工入库 3 000 件。相关凭证见表 3-51。

表 3-51　　　　　　　　　　**入　库　单**
交库部门：生产车间　　　　2018 年 11 月 24 日　　　　No. 2171102

产品编号	产品名称及规格	计量单位	送检数量	实收数量	单位成本	总成本	备注
	男式夹克	件	3 000	3 000			男式夹克完工入库

财务主管：　　　　　　仓管员：张东祥　　　　　　制单：万达

业务 29：11 月 24 日，向江西华瑞商场销售男式夹克 1 100 件，单价 115 元，增值税专用发票上注明销项税额为 20 240 元。商品已发出，款项尚未收到。相关凭证见表 3-52、表 3-53。

表3-52　　　　　　　　　　　　**福建增值税专用发票**

No. 00326024

3500163130　　　　　　　此联不作抵销 印税凭证　　开票日期：2018 年 11 月 24 日

购货单位	名　　称	江西华瑞商场				密码区	＊487＊－73488＜2＊/1＜/56＜8451681＞841/ 960023＋＞104－7＊75＊87＊519617＞8182＊ 8946＞＞2＋＊2＋5＞＞46＞446＞＞6032－73 ＊＜28＊08804＊03＋＊＜28＊46＞7/9//56＜	
	纳税人识别号	8120486456316040882						
	地址、电话	江西金峰工业区 28674356						
	开户行及账号	农行 19114302154443365						
货物或应税劳务名称		规格型号	单位	数量	单价	金额	税率	税额
男式夹克			件	1 100	115.00	126 500.00	16%	20 240.00
合计						￥126 500.00		￥20 240.00
价税合计（大写）		⊗壹拾肆万陆仟柒佰肆拾元整				（小写） ￥146 740.00		
销货单位	名　　称	晋江美登鞋有限公司				备注		
	纳税人识别号	91350582082682278F						
	地址、电话	晋江青阳新华街 0595－82007110						
	开户行及账号	农行晋江支行 531401888816005						

收款人：　　　　　复核：　　　　　开票人：李飞　　　　　销售方：（章）

表3-53　　　　　　　　　　　　**出　库　单**

购货方：江西华瑞商场　　　　　　2018 年 11 月 24 日　　　　　　　　　No. 0014051

产品编号	产品名称及规格	计量单位	应发数量	实发数量	单位成本	总成本	备注
	男式夹克	件	1 100	1 100			男式夹克销售出库

财务主管：　　　　　　　仓管员：张东祥　　　　　　　制单：王刚

业务 30：11 月 25 日，男式夹克完工入库 5 000 件。相关凭证见表 3-54。

表3-54　　　　　　　　　　　　**入　库　单**

交库部门：生产车间　　　　　　2018 年 11 月 25 日　　　　　　　　　No. 2171103

产品编号	产品名称及规格	计量单位	送检数量	实收数量	单位成本	总成本	备注
	男式夹克	件	5 000	5 000			男式夹克完工入库

财务主管：　　　　　　　仓管员：张东祥　　　　　　　制单：万达

业务 31：11 月 26 日，与江苏高斯批发商场签订合同，销售男式夹克 8 000 件，单价 110 元，增值税专用发票上注明销项税额为 140 800 元。销售合同上约定现金折扣条件为 "1/10，N/20"，商品已发出。相关凭证见图 3 – 5、表 3 – 55、表 3 – 56。

购销合同

合同编号：0830613

销售方：晋江美登鞋服有限公司　　　购买方：江苏高斯批发商场

为保护买卖双方的合法权益，买卖双方根据《中华人民共和国合同法》的有关规定，经友好协商，一致同意签订本合同，共同遵守。

一、货物的名称、数量及价格：

货物名称	规格型号	计量单位	数量	单价不含税	金额（不含税）	税率	税额
男式夹克		件	8 000	110.00	880 000.00	16%	140 800.00

二、运输费用承担方式：运输费用由供货方承担。

三、合同总金额：合同总金额为人民币：壹佰零贰万零捌佰元整（￥1 020 800.00）。

四、现金折扣条件：1/10，N/20，按价款结算。

……

卖　方：	晋江美登鞋服有限公司	买　方：	江苏高斯批发商场
纳税人识别号：	91350582082682278F	纳税人识别号：	913202033010665016
授权代表：	张金勇	授权代表：	王大宝
开户银行、账号：	新华街农行 531401888816005	开户银行、账号：	中国银行 1554400130133322682
地址、电话：	青阳新华街 059582007110	地址、电话：	江苏新街北路 23046830
日　期：	2018 年 11 月 26 日	日　期：	2018 年 11 月 26 日

图 3 – 5

表 3 – 55

福建增值税专用发票

No.00216098

3500163130

此联不作报销抵扣税凭证　　开票日期：2018 年 11 月 26 日

购货单位	名　称：江苏高斯批发商场 纳税人识别号：913202033010665016 地址、电话：江苏新街北路 23046830 开户行及账号：中国银行 1554400130133322682	密码区	+488<2*　+32 -730/1 </56<52 +*081>84* <28785*03118>581/969>28>46646>20*471 +2200>1*75*87>51052 +*　<28*4781> 84511081>8069>246>>/9688<2*/1</56<

货物或应税劳务名称	规格型号	单位	数量	单价	金　额	税率	税　额
男式夹克		件	8 000	110.00	880 000.00	16%	140 800.00
合　计					￥880 000.00		￥140 800.00

价税合计（大写）	⊗壹佰零贰万零捌佰元整	（小写）￥1 020 800.00

销货单位	名　称：晋江美登鞋服有限公司 纳税人识别号：91350582082682278F 地址、电话：晋江青阳新华街 0595 – 82007110 开户行及账号：农行晋江支行 531401888816005	备注	

收款人：　　　　复核：　　　　开票人：李飞　　　　销售方：（章）

第一联　记账联　销售方记账凭证

表 3-56　　　　　　　　　　　　出 库 单

购货方：江苏高斯批发商场　　　　2018 年 11 月 26 日　　　　　　　　　　No.0014052

产品编号	产品名称及规格	计量单位	应发数量	实发数量	单位成本	总成本	备注
	男式夹克	件	8 000	8 000			男式夹克销售出库

财务主管：　　　　　　　　　　仓管员：张东祥　　　　　　　　　　制单：王刚

业务 32：11 月 27 日，开出转账支票支付销售产品的搬运费 3 000 元，增值税专用发票上注明进项税额为 180 元。相关凭证见表 3-57、表 3-58、图 3-6。

表 3-57　　　　　　　　　　　付款审批单

部门：销售部　　　　　　　　2018 年 11 月 27 日

事　　由	支付销售商品搬运费	附件张数	2
付款方式	转账支票	经手人	林艺
项目内容	金　　额	部门领导	张旭升
搬运费	3 180.00	单位负责人	张金勇
		财务主管	王明堂
合计	￥3 180.00	出　　纳	刘心

```
中国农业银行
转账支票存根
28015855
32068210
附加信息
```

出票日期：2018 年 11 月 27 日

| 收款人：晋江一全搬运有限公司 |
| 金额：￥3 180.00 |
| 用途：搬运费 |
| 备注： |

单位主管：　　会计：

图 3-6

表 3-58

福建增值税专用发票

No.00130863

3500163131　　　　　　　　　　　　　　　　　　　　开票日期：2018 年 11 月 27 日

购货单位	名　称：晋江美登鞋服有限公司 付款方识别号：91350582082682278F 地址、电话：晋江青阳新华街 0595-82007110 开户行及账号：农行晋江支行 531401888816005	密码区	7>84<*-+1488<2*/1</56<64*/961<8 *8*2*5<1731*2+*282+5>*466</47*7 -7*64*/961<75*87>510>5+57*71828*8 *135*<28*8*>84785<15<1714>4696>80

货物或应税劳务名称	规格型号	单位	数量	单价	金额	税率	税额
装卸搬运费		个	1	3 000.00	3 000.00	6%	180.00
合　计					￥3 000.00		￥180.00

价税合计（大写）	⊗叁仟壹佰捌拾元整	（小写）￥3 180.00

销货单位	名　称：晋江一全搬运有限公司 纳税人识别号：913050852263402046 地址、电话：青阳阳光路 199 号　82004562 开户行及账号：建行阳光支行　35058324813509	备注	

收款人：　　　　　复核：　　　　　开票人：　　　　　销售方：（章）

业务 33：11 月 28 日，出售多余辅料线 100 粒，单价 10 元，增值税专用发票上注明销项税额为 160 元，款项已收存银行，材料已发出。相关凭证见表 3-59、表 3-60。

表 3-59

福建增值税专用发票

No.00326023

3500163130　　　　　　　　　　此联不作报销 扣税凭证　　　　　开票日期：2018 年 11 月 28 日

购货单位	名　称：厦门爱尔达鞋服有限公司 纳税人识别号：3505821563426560633 地址、电话：厦门嘉禾路 81061120 开户行及账号：农行 12532600399001009	密码区	8120*4>446>>6*03++<28*46>8<2*/1 </56<51<28*87>510*75781>845*2064>+ *51881-73<<1681>841/960/969>2522>08>> 71+06*69>282*>030544*08804</56<522

货物或应税劳务名称	规格型号	单位	数量	单价	金额	税率	税额
线		粒	100	10.00	1 000.00	16%	160.00
合　计					￥1 000.00		￥160.00

价税合计（大写）	⊗壹仟壹佰陆拾元整	（小写）￥1 160.00

销货单位	名　称：晋江美登鞋服有限公司 纳税人识别号：91350582082682278F 地址、电话：晋江青阳新华街 0595-82007110 开户行及账号：农行晋江支行 531401888816005	备注	

收款人：　　　　　复核：　　　　　开票人：李飞　　　　　销售方：（章）

中国农业银行支付系统收付款通知

No. 00145832

汇兑凭证（贷记）
顺序号：0140　　来账支付序号：002343
报文种类：CM101　　业务类型：大额实时　　支付交易序号：00035412
发起行行号：中国农行湖里分行
汇款人账号：12532600399001009
汇款名称：厦门爱尔达鞋服有限公司
汇款人地址：厦门市湖里工业区
接收行行号：
接收行行名：农业银行晋江支行
收款人账号：531401888816005
收款人名称：晋江美登鞋服有限公司
货币符号、金额：RMB 1 160.00　　会计分录：
附言：T65370005465234455　　货款　　借：
售押：　　　　　　　　　　　　　　　　贷：
柜员流水号：化064253256　打印时间：2018-11-28　16：20：15
第一次打印　　　　　　　　　　　　　　　入账方式：自动

中国农业银行晋江支行
转讫（1）
附件

第二联　　作客户通知单　　合计　　复核　　记账

图 3-7

表 3-60

出 库 单

购货方：厦门爱尔达鞋服有限公司　　2018 年 11 月 28 日　　No. 0014053

产品编号	产品名称及规格	计量单位	应发数量	实发数量	单位成本	总成本	备注
	线	粒	100	100			多余材料销售出库

财务主管：　　　　　　仓管员：张东祥　　　　　　制单：王刚

业务 34：11 月 30 日，收到江苏高斯批发商场转来 1 012 000 元结清货款。相关凭证见表 3-61。

表 3-61   **中国工商银行进账单（收账通知）**
                           2018 年 11 月 30 日

付款人	全 称	江苏高斯商场	收款人	全 称	晋江美登鞋服有限公司
	账 号	155400130133322682		账 号	531401888816005
	开户行	中国工商银行江苏新街		开户行	农行晋江支行
金额	人民币（大写）	壹佰零壹万贰仟元整	亿 千 百 十 万 千 百 十 元 角 分 ¥ 1 0 1 2 0 0 0 0 0		
票据种类	转账支票	票据张数	一张		
票据号码		0020719			
复核 记账			开户银行签章		

业务 35：11 月 30 日，分配本月电费（按 7:2:1 的比例将电费分配到车间、行政、销售部门）。相关凭证见表 3-62。

表 3-62   **电费计算分配表**
                           2018 年 11 月 30 日

部门	分配比例	分配的电费
生产部门	70%	
行政部门	20%	
销售部门	10%	
合计	100%	10 450.00

会计主管：王明堂   复核：李飞   制单：陈翔

业务 36：11 月 30 日，计算本月职工工资 314 500 元，其中生产工人工资 200 000 元，车间管理人员工资 40 000 元，行政管理人员工资 66 000 元，销售机构人员工资 8 500 元。相关凭证见表 3-63。

表 3-63

工资总额及应扣款项计算表

2018 年 11 月 30 日　　　　　　　　　　　　　　　　　　　　　单位：元

部门	类别	人数	应付工资	养老保险(8%)	医疗保险(2%)		失业保险(1%)	住房公积金(8%)	个人所得税	扣款合计	实发工资
					基本医疗	大病救助					
生产部门	生产工人	50	200 000.00	16 000.00	4 000.00	500.00	2 000.00	16 000.00		38 500.00	161 500.00
	管理人员	10	40 000.00	3 200.00	800.00	100.00	400.00	3 200.00		7 700.00	32 300.00
总经理办公室		4	28 000.00	2 240.00	560.00	40.00	280.00	2 240.00	236.00	5 596.00	22 404.00
财务部		4	22 000.00	1 760.00	440.00	40.00	220.00	1 760.00	68.00	4 288.00	17 712.00
采购部		4	16 000.00	1 280.00	320.00	40.00	160.00	1 280.00		3 080.00	12 920.00
专设销售机构		2	8 500.00	680.00	170.00	20.00	85.00	680.00		1 635.00	6 865.00
合计		74	314 500.00	25 160.00	6 290.00	740.00	3 145.00	25 160.00	304.00	60 799.00	253 701.00

会计主管：王明堂　　　　　复核：李飞　　　　　制单：陈翔

业务 37：11 月 30 日，按工资总额计提本月单位负担的社会保险费和住房公积金（养老保险 20%，医疗保险 8%，失业保险 2%，工伤保险 0.5%，生育保险 0.8%，住房公积金 8%）。相关凭证见表 3-64。

表 3-64

五险一金计算表

2018 年 11 月 30 日　　　　　　　　　　　　　　　　　　　　　单位：元

应借账户	工资总额	养老保险(20%)	医疗保险(8%)	失业保险(2%)	工伤保险(0.5%)	生育保险(0.8%)	住房公积金(8%)	合计
生产成本 ——男士夹克								
制造费用								
管理费用								
销售费用								
合　计								

会计主管：王明堂　　　　　复核：李飞　　　　　制单：陈翔

业务38：11月30日，计提本月固定资产的折旧费。相关凭证见表3-65。

表3-65
固定资产折旧计算表
2018年11月30日

使用部门	固定资产类别	原价	月折旧率	月折旧额
生产车间	房屋及建筑物	2 000 000.00	0.3%	
	机器设备	650 000.00	0.8%	
	出租设备	150 000.00	0.8%	
	小计	2 800 000.00		
行政部门	办公楼、仓库	1 500 000.00	0.3%	
	管理用设备	500 000.00	0.8%	
	小计	2 000 000.00		
销售部门	设备	200 000.00	0.8%	
合计		5 000 000.00		

会计主管：王明堂　　　　复核：李飞　　　　制单：陈翔

业务39：11月30日，月末汇总本月领料单，结转材料发出成本。其中领用棉布15 000米，里布12 000米，线700粒，纽扣480百粒，拉链12 000条，商标吊牌12 000个，包装袋240卷，纸箱1 000个。相关凭证见表3-66。

表3-66
发出材料汇总表
产品名称：男式夹克（投产12 000件）2018年11月30日　　　　附件　　张

材料名称	计量单位	数量	单价	金额
棉布	米	15 000		
里布	米	12 000		
线	粒	700		
纽扣	百粒	480		
拉链	条	12 000		
商标吊牌	个	12 000		
包装袋	卷	240		
纸箱	个	1 000		
合计				

会计主管：王明堂　　　　复核：李飞　　　　制单：陈翔

业务40：11月30日，计算并结转本月发生的制造费用。相关凭证见表3-67。

表 3-67

制造费用计算表

企业名称：美登公司　　　　　　　　2018 年 11 月 30 日

摘　要	薪酬	水电费	折旧费	其他	合　计

会计主管：王明堂　　　　　　复核：李飞　　　　　　制单：陈翔

业务 41：11 月 30 日，计算并结转完工产品成本，男式夹克完工入库 10 000 件，月末在产品 2 000 件。相关凭证见表 3-68。

表 3-68

产品成本计算表

2018 年 11 月 30 日

产品名称：男式夹克（完工 10 000 件、在产品 2 000 件）

摘　要	直接材料	直接人工	制造费用	合　计
生产男式夹克领料				
计提生产工人工资				
结转本月制造费用				
本月生产费用合计 （12 000 件）				
本月完工产品成本 （10 000 件）				
在产品单位定额成本				
月末在产品成本 （2 000 件）				

会计主管：王明堂　　　　　　复核：李飞　　　　　　制单：陈翔

业务 42：11 月 30 日，结转已销产品成本。相关凭证见表 3-69。

表 3-69

销售产品成本计算表

2018 年 11 月 30 日　　　　　　　　　　　　　　　　　金额单位：元

产品名称	计量单位	期初结存		本期完工入库		单价	本期销售		期末结存	
		数量	金额	数量	金额		数量	金额	数量	金额
男式夹克	件									
合计										

会计主管：王明堂　　　　　　复核：李飞　　　　　　制单：陈翔

业务 43：11 月 30 日，结转本月销售材料的成本。相关凭证见表 3-70。

表 3-70

销售材料成本计算表

2018 年 11 月 30 日　　　　　　　　　　　　　　　　　单位：元

产品名称	计量单位	数量	金额
线	粒		
合计			

会计主管：王明堂　　　　　　复核：李飞　　　　　　制单：陈翔

业务 44：11 月 30 日，计算并结转本月应纳增值税额。相关凭证见表 3-71。

表 3-71

应纳增值税税费计算表

2018 年 11 月 30 日　　　　　　　　　　　　　　　　　单位：元

税　种	当期销项税额	当期准予抵扣进项税额	应纳税额
合计			

会计主管：王明堂　　　　　　复核：李飞　　　　　　制单：陈翔

业务 45：11 月 30 日，按应纳增值税额计提城建税和教育费附加。相关凭证见表 3-72。

表 3-72

税金及附加计算表

2018 年 11 月 30 日　　　　　　　　　　　　　　　　　　单位：元

税（费）种	计税依据	税（费）率	应纳税（费）额
城市维护建设税		7%	
教育费附加		3%	
合计			

会计主管：王明堂　　　　　　　复核：李飞　　　　　　　制单：陈翔

业务 46：11 月 30 日，计提无形资产摊销费。相关凭证见表 3-73。

表 3-73

无形资产摊销表

企业名称：晋江美登鞋服有限公司　　2018 年 11 月 30 日

项目	摊销期	摊销总额	月摊销额
专利权	10 年	300 000.00	
合计			

会计主管：王明堂　　　　　　　复核：李飞　　　　　　　制单：陈翔

业务 47：11 月 30 日，分摊本月应负担的办公楼租金。相关凭证见表 3-74。

表 3-74

办公楼租金分配表

企业名称：晋江美登鞋服有限公司　　2018 年 11 月 30 日

项目	时间	总金额	每月租金
办公楼租金	2018 年 10—12 月	60 000.00	
合计			

会计主管：王明堂　　　　　　　复核：李飞　　　　　　　制单：陈翔

业务 48：11 月 30 日，结转本月收入类账户。相关凭证见表 3-75。

表 3-75　　　　　　　　　　**结转收入类账户发生额**

2018 年 11 月 30 日　　　　　　　　　　　　　单位：元

账户名称	本期借方发生额	本期贷方发生额
合　　计		

会计主管：王明堂　　　　　　　复核：李飞　　　　　　　制单：陈翔

业务 49：11 月 30 日，结转本月费用类账户。相关凭证见表 3-76。

表 3-76　　　　　　　　　　**结转费用类账户发生额**

2018 年 11 月 30 日　　　　　　　　　　　　　单位：元

账户名称	本期借方发生额	本期贷方发生额	账户名称	本期借方发生额	本期贷方发生额
			合　　计		

会计主管：王明堂　　　　　　　复核：李飞　　　　　　　制单：陈翔

业务 50：11 月 30 日，计提并结转本月应交企业所得税。相关凭证见表 3-77。

表 3-77　　　　　　　　　　**企业所得税按月预缴纳税申报简表**

税款所属期间：2018 年 11 月 1 日至 2018 年 11 月 30 日　　　　　　　单位：元

项目	本期金额	累计金额	项目	本期金额	累计金额
营业收入			应纳所得税额		
营业成本			实际已预缴所得税额		—
利润总额			本月实际应补所得税额		—
税率（25%）					

二、实训要求

1. 审核原始凭证并填制记账凭证。
2. 编制记账凭证汇总表。
3. 登记日记账、明细账、总账。
4. 编制资产负债表、利润表。

模块四

连续生产两种产品的业务实训

一、晋江美登鞋服有限公司 2018 年 12 月发生的经济业务事项

业务 1：12 月 1 日，向厦门风华贸易有限公司购买棉布 30 000 米，单价 19.20 元，里布 30 000 米，单价 6.40 元，增值税专用发票上注明进项税额为 122 880 元。转账支付部分货款 500 000 元。以现金支付运费 600 元，增值税专用发票上注明进项税额为 60 元。材料尚在途中。相关凭证见表 4-1 至表 4-4。

表 4-1　　　　　　　　　　　　　付款审批单
部门：采购部　　　　　　　　　　2018 年 12 月 01 日

事　　由	支付运费	附件张数	3
付款方式	现金	经手人	陈瑞
项目内容	金　　额	部门领导	张旭升
运费	660.00	单位负责人	张金勇
		财务主管	王明堂
合计	¥660.00	出　　纳	刘心

表4-2

福建增值税专用发票

No. 01508246

3502170120

开票日期：2018年12月01日

购货单位	名　　　称：晋江美登鞋服有限公司 付款方识别号：91350582082682278F 地址、电话：晋江青阳新华街 0595-82007110 开户行及账号：农行晋江支行 531401888816005	密码区	8 >46 * <28 * */1 </46 >8 <2 >6 *03 +120 *4 * 428 * 87 >511 <781 > +5 >845 * 20641681 >840 *7556 <51881 -73 <6 <51 < 781 > +09 >251/960/9622 >8 <522 +6 *88 <

货物或应税劳务名称	规格型号	单位	数量	单价	金额	税率	税额
棉布		米	30 000	19.20	576 000.00	16%	92 160.00
里布		米	30 000	6.40	192 000.00	16%	30 720.00
合　计					￥768 000.00		￥122 880.00

价税合计（大写）	⊗捌拾玖万零捌佰捌拾元整	（小写）￥890 880.00

销货单位	名　　　称：厦门市风华贸易有限公司 纳税人识别号：915206705442880128 地址、电话：思明路中段 0591-53560551 开户行及账号：农行思明支行 25357001040002047	备注	（厦门市风华贸易有限公司 发票专用章）

收款人：　　　复核：　　　开票人：林兰婷　　　销售方：（章）

表4-3

福建增值税专用发票

No. 01586834

3500163131

开票日期：2018年12月01日

购货单位	名　　　称：晋江美登鞋服有限公司 付款方识别号：91350582082682278F 地址、电话：晋江青阳新华街 0595-82007110 开户行及账号：农行晋江支行 531401888816005	密码区	7 >84 <* - +1488 <2 */1 </56 <8 *8 *2 *5 <1 </56 <8 *8 *21731 *2 + *282 +5 > >466 </47 * 7-7 *75 *87 >510 >5 +57 *71828 *8 *135 * <28 *8 * >84785 <15 <1714 >4696 >80 >2 + *282 +51

货物或应税劳务名称	规格型号	单位	数量	单价	金额	税率	税额
运费					600.00	10%	60.00
合　计					￥600.00		￥60.00

（现金付讫）

价税合计（大写）	⊗陆佰陆拾元整	（小写）￥660.00

销货单位	名　　　称：石狮市顺达物流公司 纳税人识别号：913505832345683468 地址、电话：石狮工业园区 85780898 开户行及账号：石狮农业银行 53150160070128610	备注	（石狮市顺达物流公司 发票专用章）

收款人：　　　复核：　　　开票人：　　　销售方：（章）

表 4-4　　　　　　　　　　中国农业银行电汇凭证（回单）　　　　　　No. 00810247

委托日期 2018 年 12 月 01 日　　　　　　　　　　　　　　　　第 3 号

汇款人	全　称	晋江美登鞋服有限公司		收款人	全　称	厦门市风华贸易有限公司	
	账号或住址	531401888816005			账号或住址	25357001040002047	
	汇出地点	福建省晋江市（县）	汇出行名称	晋江农行		汇入地点	福建厦门市（县）	汇入行名称	海沧农行

金额	人民币（大写）伍拾万元整	千	百	十	万	千	百	十	元	角	分
			¥	5	0	0	0	0	0	0	0

汇款用途：支付货款

上列款项已根据委托办理，如需查询，请持此回单来行面洽

中国农业银行晋江支行　汇出行盖章　7　转讫（1）　年　月　日

单位主管　　会计　　出纳　　记账

业务 2：12 月 2 日，向石狮东盛布业有限公司购买斜纹布 10 000 米，单价 14.80 元，增值税专用发票上注明进项税额为 23 680 元。转账支付部分货款 141 388 元，材料尚在途中。相关凭证见表 4-5 至表 4-7。

表 4-5　　　　　　　　　　**付款审批单**

部门：采购部　　　　　　　　　　　2018 年 12 月 02 日

事　由	支付东盛布业货款	附件张数	2
付款方式	转账	经手人	陈瑞
项目内容	金　额	部门领导	张旭升
东盛布业货款	141 388.00	单位负责人	张金勇
		财务主管	王明堂
合计	¥141 388.00	出纳	刘心

表 4-6   **福建增值税专用发票**

No. 015846087

3500163130   开票日期：2018 年 12 月 02 日

购货单位	名　　称：晋江美登鞋服有限公司 付款方识别号：91350582082682278F 地址、电话：晋江青阳新华街 0595-82007110 开户行及账号：农行晋江支行 531401888816005	密码区	5<17>46>5+88<2*/1</56<+*<2*<* -7348*811>2/2+5>098>467+*28848*7815 <17*471+882*72>171+>104-7*75>510+ *<28*7815<146>7*4*89>2+65182*/962*

货物或应税劳务名称	规格型号	单位	数量	单价	金额	税率	税额
斜纹布		米	10 000	14.80	148 000.00	16%	23 680.00
合　　计					¥148 00.000		¥23 680.00

价税合计（大写）	⊗壹拾柒万壹仟陆佰捌拾元整	（小写）¥171 680.00

销货单位	名　　称：石狮东盛布业有限公司 纳税人识别号：91234021986234008066 地址、电话：石狮工业区 85786156 开户行及账号：石狮农业银行 5315016537185537	备注	（石狮东盛布业有限公司 发票专用章 91234021986253408066）

表 4-7   **中国农业银行电汇凭证（回单）**

No. 00810247

委托日期 2018 年 12 月 02 日   第 5 号

汇款人	全　称	晋江美登鞋服有限公司	收款人	全　称	石狮东盛布业有限公司								
	账号或住址	531401888816005		账号或住址	5315016537185537								
	汇出地点	福建省晋江市	汇出行名称	晋江农业银行晋江支行	汇入地点	福建石狮市	汇入行名称	石狮农行					
金额	人民币（大写）壹拾肆万壹仟叁佰捌拾元整					千	百	十	万	千	百	十	元	角	分
								¥	1	4	1	3	8	0	0

上列款项已根据委托办理，如需查询，请持此回单来行面洽。

业务 3：12 月 3 日，向厦门风华贸易有限公司购买棉布、里布到达，运费按数量分配。验收入库，发现棉布短缺了 100 米，原因为运输公司搬运时造成的破损，运输公司同意由其赔偿该损失。同时向石狮东盛布业有限公司购买斜纹布到达，验收入库。相关凭证见表 4-8、表 4-9。

表 4-8

收 料 单

供货单位：厦门风华　　　　　　　　　2018 年 12 月 03 日　　　　　　　　　编号 1171201

物资编号	名称	规格	数量		实际成本			
			应收	实收	单价	总价	运杂费	合计
	棉布	米	30 000	29 900				
	里布	米	30 000	30 000				
	合　　计							
备注：运杂费分配标准	按数量比例分配		棉布短缺 100 米，原因为运输公司搬运时造成的破损，运输公司同意由其赔偿该损失。					

第二联　记账联

经手人：王宏为　　　　　　　　　　　　　　　　　保管员：张东祥

表 4-9

收 料 单

供货单位：东盛布业　　　　　　　　　2018 年 12 月 03 日　　　　　　　　　编号 1171202

物资编号	名称	规格	数量		实际成本			
			应收	实收	单价	总价	运杂费	合计
	斜纹布	米	10 000	10 000				
	合　　计							
备注：运杂费分配标准	按数量比例分配							

第二联　记账联

经手人：王宏为　　　　　　　　　　　　　　　　　保管员：张东祥

业务 4：12 月 3 日，生产车间生产男式夹克领用棉布 7 500 米，里布 6 000 米，拉链 6 000 条；生产女士夹克棉布 7 000 米，里布 14 000 米，斜纹布 7 000 米，拉链 7 000 条，线 360 粒。相关凭证见表 4-10 至表 4-13。

表 4-10

领 料 单

领料部门：生产车间　　　　　　　　　2018 年 12 月 5 日　　　　　　　　　No.001201

材料类别	材料名称及规格	计量单位	请领数量	实发数量	单价	金额	用途
主料	棉布	米	7 500	7 500			生产男式夹克
	里布	米	6 000	6 000			

车间主管：许可　　　　　　　　仓管员：张东祥　　　　　　　　制单：万达

表 4-11

领　料　单

领料部门：生产车间　　　　　　2018 年 12 月 05 日　　　　　　No.001202

材料类别	材料名称及规格	计量单位	请领数量	实发数量	单价	金额	用途
辅料	拉链	条	6 000	6 000			生产男式夹克

车间主管：许可　　　　　　仓管员：张东祥　　　　　　制单：万达

表 4-12

领　料　单

领料部门：生产车间　　　　　　2018 年 12 月 05 日　　　　　　No.001203

材料类别	材料名称及规格	计量单位	请领数量	实发数量	单价	金额	用途
主料	棉布	米	7 000	7 000			生产女式夹克
	里布	米	14 000	14 000			
	斜纹布	米	7 000	7 000			

车间主管：许可　　　　　　仓管员：张东祥　　　　　　制单：万达

表 4-13

领　料　单

领料部门：生产车间　　　　　　2018 年 12 月 05 日　　　　　　No.001204

材料类别	材料名称及规格	计量单位	请领数量	实发数量	单价	金额	用途
辅料	拉链	条	7 000	7 000			生产女式夹克
	线	粒	360	360			

车间主管：许可　　　　　　仓管员：张东祥　　　　　　制单：万达

业务 5：12 月 6 日，转账支付上月代扣代缴的个人所得税、城市维护建设税及教育费附加。相关凭证见表 4-14、表 4-15。

表 4-14

付款审批单

2018 年 12 月 06 日

部门：财务部

事　　由	缴交税费	附件张数	1
付款方式	转账	经手人	李飞
项目内容	金　　额	部门领导	王明堂
税金费用	3 820.34	单位负责人	张金勇
		财务主管	王明堂
合　计	￥3 820.34	出　　纳	刘心

表 4-15

中华人民共和国税收通用缴款书

(20087) 闽税缴电字 3030577

注册类型：经营企业　　　填发日期：2018 年 12 月 06 日　　　征收机关：晋江市税务局

缴款单位	代　　码	913505820826 82278F	预算科目	编码	021900
	全　　称	晋江美登鞋服有限公司		名称	个人所得税、附加税
	开户银行	农行晋江支行		级次	县区 100%
	账　　号	531401888816005	收款国库	晋江支库（中行 1553001830000197）	

税款所属时期	2018-11-01 至 2018-11-30	税款限缴日期	2018-12-15		
品目名称	课税数量	计税金额或销售收入	税率或单位税额	已缴或扣除额	实缴税额
个人所得税 城市维护建设税 教育费附加					￥304.00 ￥2 461.44 ￥1 054.90
金额合计	（大写）叁仟捌佰贰拾元叁角肆分				￥3 820.34
税务机关 （盖章） 填票人（章）	缴款单位（人） （盖章） 经办人（章）	上列款项已收妥并划转收款单位账户 国库（银行）盖章 年　月　日		备注	正常申报 0321182010810 王金辉

无银行收讫章无效

逾期不缴按税法规定加收滞纳金

业务6：12 月 8 日，转账支付上月代扣代缴的养老保险 88 060 元，医疗保险 32 190 元，失业保险 9 435 元，工伤保险 1 572.50 元，生育保险 2 516 元；上月应交未交增值税额为 35 163.40 元，企业所得税 5 252 元。相关凭证见表 4-16 至表 4-18。

表 4-16

付款审批单

2018 年 12 月 08 日

部门：财务部

事　　由	缴交社保、税费等	附件张数	2
付款方式	转账	经手人	李飞
项目内容	金　　额	部门领导	王明堂
社保	133 773.50	单位负责人	张金勇
税费	40 415.40	财务主管	王明堂
合计	￥174 148.90	出　　纳	刘心

表 4-17

中华人民共和国税收通用缴款书

福建(1)

隶属关系：镇

注册类型：经营企业　　　填发日期：2018 年 12 月 08 日　　　征收机关：晋江市税务局

缴款单位	代　码	91350582082682278F	预算科目	编　码	P71900
	全　称	晋江美登鞋服有限公司		名　称	社会保险基金
	开户银行	中国农行晋江支行		级　次	县区100%
	账　号	531401888816005	收款国库		晋江支库（中行1553001830000197）

税款所属时期　2018-11-01 至 2018-11-30　　税款限缴日期　2018-12-08

品目名称	课税数量	计税金额或销售收入	税率或单位税额	已缴或扣除额	实缴税额
基本养老保险基金收入					￥88 060.00
医疗保险					￥32 190.00
失业保险基金收入					￥9 435.00
工伤保险					￥1 572.50
生育保险					￥2 516.00
金额合计	（大写）人民币壹拾叁万叁仟柒佰柒拾叁元伍角整				￥133 773.50

无银行收讫章无效

税务机关（盖章）填票人（章）	缴款单位（人）（盖章）经办人（章）	上列款项已收妥并划转收款单位账户国库（银行）盖章　　年　月　日	备注	正常申报 0321182010810 王金辉

逾期不缴按税法规定加收滞纳金

表 4-18　　　　　　　　　　**中华人民共和国**　　　　　　　　（20087）闽税缴电字

　　　　　　　　　　　　　　　　福建(1)　　　　　　　　　　　　　　　2060428

隶属关系：镇　　　　　　　　　**税收通用缴款书**

注册类型：经营企业　　　填发日期：2018 年 12 月 08 日　　　征收机关：晋江市税务局

<table>
<tr><td rowspan="4">缴款单位</td><td>代　码</td><td colspan="3">91350582082682278F</td><td rowspan="4">预算科目</td><td>编　码</td><td colspan="2">101905087</td></tr>
<tr><td>全　称</td><td colspan="3">晋江美登鞋服有限公司</td><td>名　称</td><td colspan="2">增值税、企业所得税</td></tr>
<tr><td>开户银行</td><td colspan="3">中国农行晋江支行</td><td>级　次</td><td colspan="2"></td></tr>
<tr><td>账　号</td><td colspan="3">531401888816005</td><td>收款国库</td><td colspan="2">晋江支库 017201500846</td></tr>
<tr><td colspan="2">税款所属时期</td><td colspan="3">2018-11-01 至 2018-11-30</td><td>税款限缴日期</td><td colspan="2">2018-12-15</td></tr>
<tr><td colspan="2">品目名称</td><td>课税数量</td><td>计税金额或销售收入</td><td colspan="2">税率或单位税额</td><td>已缴或扣除额</td><td>实缴税额</td></tr>
<tr><td colspan="2">增值税</td><td></td><td></td><td colspan="2"></td><td></td><td>￥ 35 163.40</td></tr>
<tr><td colspan="2">企业所得税</td><td></td><td></td><td colspan="2"></td><td></td><td>￥ 5 252.00</td></tr>
<tr><td colspan="2">金额合计</td><td colspan="4">（大写）人民币肆万零肆佰壹拾伍元整</td><td></td><td>￥ 40 415.40</td></tr>
<tr><td colspan="2">税务机关（盖章）
填票人（章）</td><td colspan="2">缴款单位（人）（盖章）
经办人（章）</td><td colspan="3">上列款项已收妥并划转收款单位账户
国库（银行）盖章
　　　年　　月　　日</td><td>备注</td><td>正常申报
0321182010810
王金辉</td></tr>
</table>

左侧竖排：无银行收讫章无效

逾期不缴按税法规定加收滞纳金

业务 7：12 月 9 日，转账支付上月代扣代缴的住房公积金 50 320 元。相关凭证见表 4-19、表 4-20。

表 4-19　　　　　　　　　　**付款审批单**

部门：财务部　　　　　　　　2018 年 12 月 09 日

事　由	缴交住房公积金	附件张数	1
付款方式	转账	经手人	李飞
项目内容	金　额	部门领导	王明堂
住房公积金	50 320.00	单位负责人	张金勇
		财务主管	王明堂
合计	￥50 320.00	出　纳	刘心

表4-20　　　　　　　中国工商银行晋江分行住房公积金汇缴书

2018 年 12 月 09 日　　　　　　　　　　　　　　字第 7256 号

单位名称	晋江美登鞋服有限公司			汇缴：2018 年 11 月份	
开户行	农行晋江支行	单位账号	531401888816005	汇缴人：	
金额	人民币（大写）：伍万零叁佰贰拾元整			千百十万千百十元角分	
				￥ 5 0 3 2 0 0 0	
上次汇缴		本次增加汇缴		本次减少汇缴		本次汇缴	
人数	金额	人数	金额	人数	金额	人数	金额
14	￥8 320.00	60	￥42 000.00			74	￥50 320.00
付款行		付款账号		支票号码			
农行晋江支行		531401888816005					

（印章：中国农业银行晋江支行 转讫（1） 收款银行盖章）

第一联 银行盖章后退单

业务8：12 月 9 日，向厦门爱尔达鞋服有限公司销售男式夹克 900 件，单价 115 元，增值税专用发票上注明销项税额为 16 560 元。商品已发出，款项已收存银行。相关凭证见表 4-21 至表 4-23。

表4-21　　　　　　　　　　　出 库 单

购货方：厦门爱尔达鞋服有限公司　　　2018 年 12 月 09 日　　　　　　No.0014054

产品编号	产品名称及规格	计量单位	应发数量	实发数量	单位成本	总成本	备注
	男式夹克	件	900	900			男式夹克销售出库

财务主管：　　　　　　　　　仓管员：张东祥　　　　　　　　　制单：王刚

表 4-22

福建增值税专用发票

No. 00326026

3500163130　　此联不作报销抵税凭证　　开票日期：2018 年 12 月 09 日

购货单位	名　　称	厦门爱尔达鞋服有限公司	密码区	5470＋036193＜-2670＋036193＜-26660＞193＜-2627 ＊93＜-2-70＋036＞70＋036193＜-261666＋2-1＋ 1128＞0＋030＞82-3900＜-62-65＞0/-176193＜- 26654＋0＞70＋038＜14＞6193＜-266＞2/3＞6＞93＜
	纳税人识别号	360582156342656633		
	地址、电话	厦门嘉禾路 8106112		
	开户行及账号	厦门农行 12532600399001009		

货物或应税劳务	规格型号	单位	数量	单价	金　　额	税率	税　　额
男式夹克		件	900	115.00	103 500.00	16%	16 560.00
合　　计					￥103 500.00		￥16 560.00

价税合计（大写）	⊗壹拾贰万零陆拾元整	（小写）￥120 060.00

销货单位	名　　称	晋江美登鞋服有限公司	备注	（晋江美登鞋服有限公司 发票专用章 91350582082682278F）
	纳税人识别号	91350582082682278F		
	地址、电话	晋江青阳新华街 0595-82007110		
	开户行及账号	农行晋江支行 531401888816005		

收款人：　　　　复核：　　　　开票人：张美瑜　　　　销货单位：（章）

表 4-23

中国建设银行进账单（收款回单）

2018 年 12 月 9 日

付款人	全　称	厦门爱尔达鞋服有限公司	收款人	全　称	晋江美登鞋服有限公司
	账　号	12532600399001009		账　号	53140188882683
	开户行	厦门农行		开户行	农行晋江支行

金额	人民币（大写）	壹拾贰万零陆拾元整	亿	千	百	十	万	千	百	十	元	角	分
					￥	1	2	0	0	6	0	0	0

票据种类	转账支票	票据张数	一张	开户银行签章
票据号码		31202065		
复核		记账		

业务 9：12 月 9 日，向福建益庆纸业有限公司购买纸箱 1 500 个，单价 3 元，增值税专用发票上注明进项税额为 720 元，款项尚未支付，纸箱验收入库。相关凭证见表 4-24、表 4-25。

表 4-24

收 料 单

供货单位：益庆纸业　　　　　　2018 年 12 月 09 日　　　　　　编号 1171203

物资编号	名称	规格	数量		实际成本			
			应收	实收	单价	总价	运杂费	合计
	纸箱		1 500	1 500	3			
合　　　计								

备注：运杂费分配标准　　按数量比例分配

经手人：王宏为　　　　　　　　　　　　保管员：张东祥

第二联　记账联

表 4-25

福建增值税专用发票

No. 01623802

3500160130　　　　　　　　　　　　　　开票日期：2018 年 12 月 09 日

购货单位	名　　称：晋江美登鞋服有限公司 纳税人识别号：350582195509738 地址、电话：晋江青阳新华街 0595-82007110 开户行及账号：农行晋江支行 531401888816005	密码区	125<28*815<17>78<*-730+88<2*/56 *054*4<527>78>104*75**471+054* <28*81015<187>5+054*054*<28*815< 1715<17>785>78<28*8182523*054*<28
货物或应税劳务名称	规格型号	单位	数量	单价	金　额	税率	税　额
纸箱		个	1 500	3.00	4 500.00	16%	720.00
合　　　计					￥4 500.00		￥720.00
价税合计（大写）	⊗伍仟贰佰贰拾元整				（小写）￥5 220.00		
销货单位	名　　称：福建益庆纸业有限公司 纳税人识别号：913505826115651903 地址、电话：晋江市金井镇工业区 5383408 开户行及账号：金井工行 14080125090070089606	备注	（发票专用章）

收款人：　　　　复核：　　　　开票人：　　　　销售方：（章）

第三联　发票联　购货方记账凭证

业务 10：12 月 10 日，转账支付排污费 2 000 元。相关凭证见表 4-26、表 4-27。

表4-26　　　　　　　　　　企业管理费专用缴款书

注册类型：生产企业　　　　填发日期：2018年12月10日　　　　　　　　　　No.00135842

缴款单位	代　码	91350582082682278F	收款单位	全　称	晋江地税局青阳分局
	全　称	晋江美登鞋服有限公司		账　号	
	开户银行	中国农行晋江支行		开户行	中行晋江支行 230505003300181
	账　号	531401888816005	经济类型		
税款所属时期		2018-11-1至2018-11-30	税款限缴日期		2018-12-15

计税金额：销售收入或营业额	征收税率	已缴或扣除额	实缴税额
排污费		0.00	¥2 000.00
金额合计	（大写）人民币贰仟元整		¥2 000.00
税务机关（盖章）填票人号章	缴款单位（盖章）经办人（章）	转讫（1）上列款项已收妥并划转收款单位账户 国库（银行）盖章　年　月　日	备注	青阳分局正常申报 0321182010810 王金辉

逾期不缴按税法规定加收滞纳金

表4-27　　　　　　　　　　**付款审批单**
部门：财务部　　　　　　　2018年12月10日

事　由	支付排污费	附件张数	1
付款方式	转账	经手人	李飞
项目内容	金　额	部门领导	王明堂
排污费	2 000.00	单位负责人	张金勇
		财务主管	王明堂
合计	¥2 000.00	出　纳	刘心

　　业务11：12月12日，转账支付仓库的修缮费36 000元，分两年平均摊销。相关凭证见表4-28、表4-29、图4-1。

表4-28　　　　　　　　　　**付款审批单**
部门：行政部　　　　　　　2018年12月12日

事　由	支付仓库修缮费	附件张数	2
付款方式	转账	经手人	陈立
项目内容	金　额	部门领导	张旭升
仓库修缮费	36 000.00	单位负责人	张金勇
		财务主管	王明堂
合计	¥36 000.00	出　纳	刘心

表 4-29

福建省税收通用发票（电子）

电子发票手写无效
发票代码　24012034
发票号码　07112025

开票日期：2018-12-12　11：15：16　　行业类别：制造业

付款方名称：（单位）晋江美登鞋服有限公司
付款方识别号：91350582082682278F
收款方名称：富华星建筑有限公司
收款方识别号：340223248877103
主管税务机关：晋江市西区税务局　　防伪码：1197303252322256089

序号	开票项目说明	金额
1	仓库修缮费	36 000.00

合计（大写）：人民币叁万陆仟元整　合计（小写）：￥36 000.00
附注：
　　开票人：陈东石　　　　　　　　　开票单位盖章：

发票联：付款方付款凭证

中国农业银行
支票存根
28015857
32068210

附加信息

出票日期：2018 年 12 月 12 日
收款人：富华星建筑有限公司
金额：￥36 000.00
用途：修缮费
单位主管：　　　会计：

图 4-1

业务 12：12 月 12 日，委托银行代发职工工资 253 701 元，并结转职工工资中代扣养老保险 25 160 元，医疗保险 7 030 元，失业保险 3 145 元，住房公积金 25 160 元，个人所得税 304 元。相关凭证见表 4-30 至表 4-32。

表 4-30

付款审批单

2018 年 12 月 12 日

部门：财务部

事　　由	支付工资	附件张数	2
付款方式	转账	经手人	刘心
项目内容	金　　额	部门领导	张旭升
工资	253 701.00	单位负责人	张金勇
		财务主管	王明堂
合计	￥253 701.00	出　　纳	刘心

表 4-31

工资总额及应扣款项计算表

2018 年 11 月 30 日　　　　　　　　　　　　　　　　　　　单位：元

部门	类别	人数	应付工资	养老保险(8%)	医疗保险（2%）		失业保险(1%)	住房公积金(8%)	个人所得税	扣款合计	实发工资
					基本医疗	大病救助					
生产部门	生产工人	50	200 000.00	16 000.00	4 000	500.00	2 000.00	16 000.00		38 500.00	161 500.00
	管理人员	10	40 000.00	3 200.00	800.00	100.00	400.00	3 200.00		7 700.00	32 300.00
总经理办公室		4	28 000.00	2 240.00	560.00	40.00	280.00	2 240.00	236.00	5 596.00	22 404.00
财务部		4	22 000.00	1 760.00	440.00	40.00	220.00	1 760.00	68.00	4 288.00	17 712.00
采购部		4	16 000.00	1 280.00	320.00	40.00	160.00	1 280.00		3 080.00	12 920.00
专设销售机构		2	8 500.00	680.00	170.00	20.00	85.00	680.00		1 635.00	6 865.00
合计		74	314 500.00	25 160.00	6 290.00	740.00	3 145.00	25 160.00	304.00	60 799.00	253 701.00

会计主管：王明堂　　　　　　复核：李飞　　　　　　制单：陈翔

表4-32

中国农业银行电子转账凭证

No.00810247

委托日期 2018 年 12 月 12 日　　　　　　　　　　　　　　　第 3 号

付款人	全　称	晋江美登鞋服有限公司	收款人	全　称	批量代付									
	账号或住址	531401888816005		账号或住址	531401888816005									
	汇出地点	福建省晋江市	汇出行名称	晋江农行中国农业银行晋江支行	汇入地点	福建晋江市		汇入行名称	晋江农行					
金额	人民币（大写）贰拾伍万叁仟柒佰零壹元整 转讫(1)				千	百	十	万	千	百	十	元	角	分
					¥	2	5	3	7	0	1	0	0	
附加信息及用途 职工工资			根据客户电子命令，上述款项已由我行支付。											
			银行盖章	客户经办人：　　　复核：　　　记账：										

业务13：12 月 12 日，泉州市诚信机械制造有限公司转来租金 10 000 元，增值税专用发票上注明进项税额为 1 600 元，款项已收存银行。相关凭证见表4-33、表4-34。

表4-33

福建增值税专用发票

No.032166013

3500163130　　　　　此联不作报销抵税凭证　　　开票日期：2018 年 12 月 12 日

购货单位	名　　称：泉州市诚信机械制造有限公司 纳税人识别号：913505806895423807 地址、电话：泉州市南环路91号 22206547 开户行及账号：建设银行南区支行4211267022541009	密码区	88<2*53734*46>0/1</56<9>2+*25>8 *08*%5*0410+128-87>5+>1*815<1# 87>8474*/9681*/809*46>5>2+*25> >461</5>10408*%58*+87>510+175<	第一联 记账联 销售方记账凭证
货物或应税劳务名称	规格型号　单位　数量　单价	金　额	税率	税　额
租金		10 000.00	16%	1 600.00
合计		10 000.00		1 600.00
价税合计（大写）	⊗壹万壹仟陆佰元整	（小写）¥11 600.00		
销货单位	名　　称：晋江美登鞋服有限公司 纳税人识别号：91350582082682278F 地址、电话：晋江青阳新华街 0595-82007110 开户行及账号：农行晋江支行531401888816005	备注		

收款人：　　　复核：　　　开票人：李飞　　　销售方：（章）

表4-34

中国建设银行进账单（收款回单）3

2018 年 12 月 12 日

付款人	全 称	泉州市诚信机械制造有限公司	收款人	全 称	晋江美登鞋服有限公司									
	账 号	4211267022541009		账 号	531401888816005									
	开户行	建设银行南区支行		开户行	农行晋江支行									
金额	人民币（大写）	壹万壹仟陆佰元整			亿	千	百	十	万	千	百	十	元	角	分
								¥	1	1	6	0	0	0	0
票据种类		转账支票	票据张数	一张	开户银行签章									
票据号码		102820931												

业务14：12 月 13 日，开出转账支票支付生产车间员工旅游费 20 000.00 元。相关凭证见表 4-35、表 4-36、图 4-2。

表 4-35

付款审批单

部门：生产车间　　　　　　　　2018 年 12 月 13 日　　　　　　　　编号：171207

事　由	生产车间员工旅游费	附件张数	2
付款方式	转账支票	经手人	万达
项目内容	旅游费	部门领导	许可
金　额	20 000.00	单位负责人	张金勇
		财务主管	王明堂
合　计	¥20 000.00	出　纳	刘心

表 4-36

福建省税收通用发票

电子发票 手写无效

开票日期：2018 年 12 月 12 日　11：15：16　　　　发票代码 350580203

行业类别：制造业　　　　　　　　　　　　　　　　发票号码 07110251

付款方名称：（单位）晋江美登鞋服有限公司
付款方识别号：913505820826822 78F　发票联
收款方名称：泉州康美旅游公司
收款方识别号：35022324808302
主管税务机关：晋江市西区税务局

序号	开票项目说明	金额
1	旅游团费	20 000.00
合计（大写）：人民币贰万元整		¥ 20 000.00

```
         ┌─────────────────────────┐
         │      中国农业银行         │
         │      转账支票存根        │
         │      28015852           │
         │      32068210           │
         │ 附加信息．．．．．．．．  │
         │ ．．．．．．．．．．．．  │
         │ 出票日期：2018 年 12 月 13 日│
         │ ┌─────────────────────┐ │
         │ │收款人：泉州康美旅游公司│ │
         │ ├─────────────────────┤ │
         │ │金额：¥ 20 000.00     │ │
         │ ├─────────────────────┤ │
         │ │用途：旅游团费         │ │
         │ ├─────────────────────┤ │
         │ │备注：                │ │
         │ └─────────────────────┘ │
         │ 单位主管：    会计：      │
         └─────────────────────────┘
```

图 4 - 2

业务 15：12 月 13 日，转账支付印花税 301.95 元。相关凭证见表 4 - 37、图 4 - 3。

表 4 - 37　　　　　　　　**付款审批单**

部门：财务部　　　　　　2018 年 12 月 14 日

事　　由	支付印花税	附件张数	1
付款方式	转账	经手人	李飞
项目内容	金　　额	部门领导	王明堂
印花税	301.95	单位负责人	张金勇
		财务主管	王明堂
合　计	¥301.95	出　　纳	刘心

晋江电子缴税系统回单

付款人名称：晋江美登鞋服有限公司　　　扣款日期：2018.12.14
付款人账号：531401888816005　　　　　清算日期：2018.12.14
付款人开户银行：农行晋江支行
收款人名称：晋江市税务局　　　　　　　收款人账号：10543808
收款人开户银行：国家金库华城支库　代扣税款　小写金额：¥301.95
电子税票号：10123876　　　　　　　　大写金额：叁佰零壹元玖角伍分
纳税人编码：91350582082682278F
纳税人名称：晋江美登鞋服有限公司

税种	所属时期	纳税金额	备注
印花税	20181101—20181130	¥301.95	

经办：　　　　复核：　　　　打印次数：1　　　　打印日期：

图 4 - 3

业务 16：12 月 15 日，生产车间自动冲裁机因工人丁清操作不当导致烧毁，申请报废。该设备原值 120 000 元，已提折旧 1 920 元。相关凭证见表 4-38、表 4-39。

表 4-38　　　　　　　　　　　　　**固定资产报废申请**
2018 年 12 月 15 日

名称及型号	自动冲裁机	资产编号	S003
原始价值	120 000.00 元	投产时间	2018 年 10 月 20 日
已提折旧	1 920.00 元	使用部门	生产车间
净残值	4 800.00 元	月折旧率	0.8%
报废原因：2018 年 12 月 15 日，在生产操作期间，因应人不熟练，操作不当，导致机器烧毁。			
申请人：车间主任陈永			
部门意见	同意报废 2018 年 12 月 15 日		同意报废 2018 年 12 月 15 日
会计主管：王明堂		复核：李飞	制单：陈翔

表 4-39　　　　　　　　　　　　　**固定资产卡片**
2018 年 12 月 15 日

名称及型号	自动冲裁机	资产编号	S003
使用部门	生产车间	原始价值	120 000.00 元
资金来源	接受投资	折旧年限	10 年
启用日期	2018 年 10 月 20 日	预计净残值率	4%
调拨记录		折旧方法	直线法
报废清理记录			
会计主管：王明堂		复核：李飞	制单：陈翔

业务 17：12 月 15 日，经公司管理层研究决定，由操作人丁清承担 50% 的损失责任，由其赔偿，其余由公司承担，见图 4-4。

固定资产毁损处理决定
2018 年 12 月 15 日

2018 年 12 月 15 日，生产车间用的自动冲裁机因工人丁清操作不当，导致毁损报废，经公司管理层研究决定，由操作人丁清承担 50% 的损失责任，由其赔偿，其余由公司承担。
盖章：　　　　　　　　　　　　　　　　　　　　　　　　2018 年 12 月 15 日
会计主管：王明堂　　　　　复核：李飞　　　　　制单：陈翔

图 4-4

业务 18：12 月 16 日，开出转账支票支付自动冲裁机毁损清理费用 1 300 元。相关凭证见表 4-40、图 4-5。

表 4-40

付款审批单

2018 年 12 月 16 日

部门：生产车间

事　　由	机器毁损清理费用	附件张数	2
付款方式	转账支票	经手人	万达
项目内容	金　　额	部门领导	许可
清理费用	1 300.00	单位负责人	张金勇
		财务主管	王明堂
合计	¥1 300.00	出　　纳	刘心

```
中国农业银行
转账支票存根
28015888
32068212

附加信息_____
_____

出票日期：2018 年 12 月 16 日
收款人：晋江宏发服务公司
金额：¥1 300.00
用途：支付清理费用
备注：
单位主管：     会计：
```

图 4-5

业务 19：12 月 17 日，结转自动冲裁机报废净损益。相关凭证见表 4-41。

表 4-41

固定资产清理损益计算表

2018 年 12 月 17 日

固定资产名称	自动冲裁机	
毁损净损益（金额）	处置收入	
	处置支出	
	毁损净损益	

会计主管：王明堂　　　　　　复核：李飞　　　　　　制单：陈翔

业务 20：12 月 19 日，男式夹克完工入库 2 000 件。相关凭证见表 4-42。

表4-42

入 库 单

交库部门：生产车间　　　　　2018年12月19日　　　　　　　　　　　No2171201

产品编号	产品名称及规格	计量单位	送检数量	实收数量	单位成本	总成本	备注
	男式夹克	件	2 000	2 000			男式夹克完工入库

财务主管：　　　　　　　　　仓管员：张东祥　　　　　　　制单：万达

业务21：12月21日，通过银行转账支付电费13 300元，增值税专用发票上注明进项税额为2 128元。相关凭证见表4-43至表4-45。

表4-43

付款审批单

部门：财务部　　　　　　　　2018年12月21日

事　由	支付电费	附件张数	2
付款方式	转账	经手人	刘心
项目内容	金　额	部门领导	王明堂
电费	15 428.00	单位负责人	张金勇
		财务主管	王明堂
合计	¥15 428.00	出　纳	刘心

表4-44

中国农业银行特种转账借方凭证

币种：人民币　　　　　　　　2018年12月21日　　　　　　　　流水号：82563023

付款人	全　称	晋江美登鞋服有限公司	收款人	全　称	晋江市供电有限公司
	账　号	531401888816005		账　号	3800120300027062301
	汇出地	晋江市新华街农行		汇入地	中国银行世纪大道支行

金额	（大写）壹万伍仟肆佰贰拾捌元整	（小写）¥15 428.00
用途	代收电费	转讫（1）银行盖章
备注：		

表 4-45　　　　　　　　　　**福建增值税专用发票**

No. 18003675

3500163130　　　　　　　　　　　　　　　　　　　开票日期 2018 年 12 月 21 日

购货单位	名　　称：晋江美登鞋服有限公司 纳税人识别号：91350582082682278F 地址、电话：晋江青阳新华街 0595-82007110 开户行及账号：农行晋江支行 531401888816005	密码区	50+*<731246*-88<2*/5<+054*<28*815 <17>785182+054*<28*815<17>78596+5*52 *471+>104*7182523*/96+5*52*471+>104 *75946>*2+82523**87>510>46/96>46996+

货物或应税劳务名称	规格型号	单位	数量	单价	金　额	税率	税　额
工业用电		千瓦时	14 000	0.95	13 300.00	16%	2 128.00
合　计					¥13 300.00		¥2 128.00

价税合计（大写）	⊗壹万伍仟肆佰贰拾捌元整　　　　　　　　　　（小写）¥15 428.00

销货单位	名　　称：晋江市供电有限公司 纳税人识别号：91350582043600098052 地址、电话：晋江市世纪大道 91 号 56157702 开户行及账号：中国银行世纪支行 380012030027062301	备注	（晋江市供电有限公司 91350582043600098052 发票专用章）

收款人：陆明铭　　　　复核：李东洪　　　　开票人：丁小宝　　　　销售方：（章）

业务 22：12 月 21 日，银行转账支付 10—12 月水费 1 620 元，增值税专用发票上注明进项税额为 162 元。相关凭证见表 4-46 至表 4-48。

表 4-46　　　　　　　　　　**付款审批单**

部门：财务部　　　　　　　　2018 年 12 月 21 日

事　　由	支付水费	附件张数	2
付款方式	转账	经手人	刘心
项目内容	金　额	部门领导	王明堂
水费	1 782.00	单位负责人	张金勇
		财务主管	王明堂
合计	¥1 782.00	出　纳	刘心

表 4-47

委托收款凭证（付款通知）

委托号码：003571

委邮

委托日期 2018 年 12 月 21 日

无付款期

付款人	全称	晋江美登鞋服有限公司	收款人	全称	福建省晋江供水股份有限公司		
	账号或地址	531401888816005		账号	35058208261204375		
	开户银行	农业银行晋江支行		开户银行	建行青阳支行	行号	4607

委收金额	人民币（大写）壹仟柒佰捌拾贰元整	千	百	十	万	千	百	十	元	角	分
					¥	1	7	8	2	0	0

款项内容	10-12月份自来水费	委托收款凭据名称	增值税专用发票	附寄单证张数	一张

备注：

付款人注意
1. 根据结算方法，上列委托收款，如在付款期限内未拒付时，即视同全部同意付款。以此联代付款通知。
2. 如需提前付款或多付款时，应另填书面通知送银行办理。
3. 如系全部或部分拒付，应在付款期限内另填拒绝付款理由书送银行办理。

单位主管　　　　会计　　　　复核　　　　记账

表 4-48

福建增值税专用发票

No. 00183675

3500163130

开票日期 2018 年 12 月 21 日

购货单位	名称：晋江美登鞋服有限公司 纳税人识别号：91350582082682278F 地址、电话：晋江青阳新华街 0595-82007110 开户行及账号：农行晋江支行 531401888816005	密码区	50+*946>12>2<*-73488<2*/56<*/96 +82+5>>52*471+>104*75*87+510*< 28*8182*<488<2*/56<5<17>+0547* 518-73*/969>52*471+>104*3462+547*

货物或应税劳务名称	规格型号	单位	数量	单价	金额	税率	税额
自来水		吨	900	1.80	1 620.00	10%	162.00
合计					¥1 620.00		¥162.00

价税合计（大写）	⊗壹仟柒佰捌拾贰元整	（小写）¥1 782.00

销货单位	名称：晋江市自来水有限公司 纳税人识别号：91350582082612 0406 地址、电话：晋江市世纪大道 346 号 56157702 开户行及账号：建行青阳支行 3800120398012 04583	备注	

收款人：　　　　复核：　　　　开票人：陈雪琴　　　　销售方：（章）

业务 23：12 月 21 日，收到银行计提的存款利息 17 680.85 元。相关凭证见表 4－49。

表 4－49　　　　　　　　**计付利息清单（收款通知）**

账号：531401888816005　　　　　2018 年 12 月 21 日　　　　　　　No. 00830678

单位名称	晋江美登鞋服有限公司	结算户	
计息起讫日期		2018/11/21—2018/12/20	
存款户账号	积数	利率	利息金额
531401888816005			17 680.85 元
你单位上述存款利息已收入你单位账户　存款单位（银行盖章）		复核	记账

业务 24：12 月 22 日，向福州环宇饰品有限公司购买纽扣 500 百粒，单价 25.50 元，商标吊牌 6 000 枚，单价 0.15 元，包装袋 500 卷，单价 20.80 元，增值税专用发票上注明进项税额为 4 184 元。款项尚未支付。材料尚未到达。相关凭证见表 4－50。

表 4－50　　　　　　　　**福建增值税专用发票**

3500163130　　　　　　　　　　　　　　　　　　　　　　　　No. 01174968

开票日期：2018 年 12 月 22 日

购货单位	名　称：晋江美登鞋服有限公司 纳税人识别号：91350582082682278F 地址、电话：晋江青阳新华街 0595－82007110 开户行及账号：农行晋江支行 531401888816005	密码区	10＊－73446＜85＊＊＋＞104－7＊75888＜2＊/1＜/5785＊＋＞104－7＊7587＞51004－7＊8785＊＋＞175＋1815＜17＞84781＊/8228＊815＜17＞84728＊04＊/926985＊＋＞104－7＊8746＞＞2＋

货物或应税劳务名称	规格型号	单位	数量	单价	金额	税率	税额
纽扣		百粒	500	25.50	12 750.00	16%	2 040.00
包装袋		卷	500	20.80	10 400.00	16%	1 664.00
商标吊牌		枚	6 000	0.15	900.00	16%	144.00
合　计					¥24 050.00		¥3 848.00
价税合计（大写）	⊗贰万柒仟捌佰玖拾捌元整				（小写）¥27 898.00		

销货单位	名　称：福州环宇饰品有限公司 纳税人识别号：91350120845626329E 地址、电话：福州仓山大道 65324562 开户行及账号：工行仓山分理处 3331525213331001359	备注	

收款人：　　　　复核：　　　　开票人：　　　　销售方：（章）

业务 25：12 月 23 日，向福州环宇饰品有限公司购买纽扣、商标吊牌、包装袋到达，并验收入库。相关凭证见表 4－51。

表4-51

收 料 单

供货单位：环宇饰品　　　　　　2018年12月23日　　　　　　编号 1171204

物资编号	名称	规格	数量		实际成本			
			应收	实收	单价	总价	运杂费	合计
	纽扣		500	500				
	包装袋		500	500				
	商标吊牌		6 000	6 000				
	合　计							

备注：运杂费分配标准　按数量比例分配

第二联 为记账联

经手人：王宏为　　　　　　　　　　　　　保管员：张东祥

业务26：12月24日，生产车间生产男式夹克领用纽扣240百粒，包装袋120卷，商标吊牌6 000个，纸箱500个；生产女式夹克领用纸箱600个，包装袋140卷，商标吊牌7 000个。相关凭证见表4-52至表4-54。

表4-52

领 料 单

领料部门：生产车间　　　　　　2018年12月24日　　　　　　No.001205

材料类别	材料名称及规格	计量单位	请领数量	实发数量	单价	金额	用途
辅料	纽扣	百粒	240	240			生产男式夹克
	包装袋	卷	120	120			

车间主管：许可　　　　　　　仓管员：张东祥　　　　　　　制单：万达

表4-53

领 料 单

领料部门：生产车间　　　　　　2018年12月24日　　　　　　No.001206

材料类别	材料名称及规格	计量单位	请领数量	实发数量	单价	金额	用途
辅料	商标吊牌	个	6 000	6 000			生产男式夹克
	纸箱	个	500	500			

车间主管：许可　　　　　　　仓管员：张东祥　　　　　　　制单：万达

表4-54

领 料 单

领料部门：生产车间　　　　　　　2018年12月24日　　　　　　　　　　No.001207

材料类别	材料名称及规格	计量单位	请领数量	实发数量	单价	金额	用途
辅料	纸箱	个	600	600			
	包装袋	卷	140	140			生产女式夹克
	商标吊牌	个	7 000	7 000			

车间主管：许可　　　　　　仓管员：张东祥　　　　　　制单：万达

业务27：12月26日，男式夹克完工入库6 000件，女式夹克完工入库6 000件。相关凭证见表4-55。

表4-55

入 库 单

交库部门：生产车间　　　　　　　2018年12月26日　　　　　　　　　　No.0085004

产品编号	产品名称及规格	计量单位	送检数量	实收数量	单位成本	总成本	备注
	男式夹克	件	6 000	6 000			
	女士夹克	件	6 000	6 000			夹克完工入库

财务主管：　　　　　　仓管员：张东祥　　　　　　制单：万达

业务28：12月28日，向江苏高斯批发商场销售男式夹克3 000件，单价110.00元，女式夹克3 000件，单价160.00元，增值税专用发票上注明销项税额共计129 600.00元，商品已发出，收到部分货款460 000.00元存入银行。相关凭证见表4-56至表4-58。

表4-56

福建增值税专用发票

No.00326028

3500163130　　　此联不作报销抵税凭证　　开票日期：2018年12月28日

购货单位	名　　　称：江苏高斯批发商场 纳税人识别号：913202033010665016 地址、电话：江苏西街北路 23046830 开户行及账号：中国银行 15540013013332 2682	密码区	8%5+08<+03#61*914>>023>5%20360*>5*1> 2*204>200<-62-/3>>+2-1+*11#28>0> 82*-396*#5>0/-193#6*82*-3900<20>55+08 *<14>>0+*11#28>0>*1>>2/33#6*5+6*5

货物或应税劳务	规格型号	单位	数量	单价	金额	税率	税额
男式夹克		件	3 000	110.00	330 000.00	16%	52 800.00
女式夹克		件	3 000	160.00	480 000.00	16%	76 800.00
合　　计					￥810 000.00		￥129 600.00

价税合计（大写）　⊗玖拾叁万玖仟陆佰元整　　　　　（小写）￥939 600.00

销货单位	名　　　称：晋江美登鞋服有限公司 纳税人识别号：91350582082682278F 地址、电话：晋江青阳新华街 0595-82007110 开户行及账号：农行晋江支行 531401888816005	备注	

收款人：　　　复核：　　　开票人：李飞　　　销售单位：（章）

表4-57

出　库　单

购货方：江苏高斯批发商场　　2018年12月28日　　No.0014055

产品编号	产品名称及规格	计量单位	应发数量	实发数量	单位成本	总成本	备注
	男式夹克	件	3 000	3 000			夹克销售出库
	女士夹克	件	3 000	3 000			

财务主管：　　　仓管员：张东祥　　　制单：王刚

表4-58

中国农业银行电子汇兑贷方凭证（收款通知）

2018年12月28日

发报行	行号	003792	收银行	行号	27759	号码	6723
	15540013013332 2682			行名	农行晋江分行		

收款单位	账号	531401888816005		收款行名称	
	名称	晋江美登鞋服有限公司		农业银行晋江支行	

人民币金额（大写）肆拾陆万元整　　　　￥460 000.00

付款单位名称：江苏高斯批发商场　　业务种类　　汇兑
（账号）事由：支付部分货款

业务29：12月29日，女式夹克完工入库1 000件。相关凭证见表4-59。

表4-59

入 库 单

交库部门：生产车间　　　　　　2018年12月29日　　　　　　　　No.0085005

产品编号	产品名称及规格	计量单位	送检数量	实收数量	单位成本	总成本	备注
	女式夹克	件	1 000	1 000			女式夹克完工入库

财务主管：　　　　　　　仓管员：张东祥　　　　　　　制单：万达

业务30：12月30日，向江西华瑞商场销售男式夹克3 000件，单价110.00元，女式夹克2 500件，单价160.00元，增值税专用发票上注明销项税额共计116 800.00元。商品已发出，款未收。相关凭证见表4-60、表4-61。

表4-60

福建增值税专用发票

3500163130　　　　此联不作报销抵税凭证　　　开票日期：2018年12月30日　　No.00326029

购货单位	名　　称：江西华瑞商场 纳税人识别号：8131064561360405 32D 地址、电话：江西金峰工业区 28674356 开户行及账号：农行 19114303254443365	密码区	242-2-65>0/6193<56*8717*->+236193< 56*8900<-62856+08<14>128>0>8>>56+ 08<>2/3>>3<56*8717*->+23>*7/5+ 036193<56*8717*->+23-65>0/-27*->

货物或应税劳务	规格型号	单位	数量	单价	金额	税率	税额
男式夹克		件	3 000	110.00	330 000.00	16%	52 800.00
女式夹克		件	2 500	160.00	400 000.00	16%	64 000.00
合　计					￥730 000.00		￥116 800.00

价税合计（大写）	⊗捌拾肆万陆仟捌佰元整	（小写）￥846 800.00

销货单位	名　　称：晋江美登鞋服有限公司 纳税人识别号：91350582082682278F 地址、电话：晋江青阳新华街0595-82007110 开户行及账号：农行晋江支行 531401888816005	备注	

收款人：　　　　复核：　　　　开票人：李飞　　　　销售方：（章）

表 4-61　　　　　　　　　　　出　库　单
购货方：江西华瑞商场　　　　2018 年 12 月 30 日　　　　　　　　　　No.0014055

产品编号	产品名称及规格	计量单位	应发数量	实发数量	单位成本	总成本	备注
	男式夹克	件	3 000	3 000			夹克销售出库
	女士夹克	件	2 500	2 500			

财务主管：　　　　　　　　仓管员：张东祥　　　　　　　　制单：王刚

业务 31：12 月 31 日，计提 10—12 月长期借款利息。相关凭证见表 4-62。

表 4-62　　　　　　　　　　　利息计提表
企业名称：美登公司　　　　　2018 年 12 月 31 日

项　目	本　金	期　限	月利率	按季计提
长期借款	1 500 000.00 元	2018.10.16 – 2020.10.15	0.46%	
合　计				

会计主管：王明堂　　　　　　复核：李飞　　　　　　　　制单：陈翔

业务 32：12 月 31 日，收到银行进账通知，江西华瑞商场转来货款 300 000 元。相关凭证见表 4-63。

表 4-63　　　　　　中国农业银行　电汇凭证（回　单）
　　　　　　　　　　　2018 年 12 月 31 日　　　　　　　　　　No.06047082

汇款人	全　称	江西华瑞商场	收款人	全　称	晋江美登鞋服有限公司
	账　号	19114302154443365		账　号	531401888816005
	汇出地点	江西金峰工业区		汇入地点	福建省　晋江市/县
汇出行名称	农业银行金峰支行		汇入行名称	农行晋江支行	

金额	人民币（大写）	叁拾万元整　中国农业银行晋江支行　转讫（1）汇出行签章	亿	千	百	十	万	千	百	十	元	角	分
				¥	3	0	0	0	0	0	0	0	0

支付密码：
附加信息及用途：货款
复核　　　　　记账

业务33：12月31日，计算本月职工工资438 000元，其中生产工人工资320 000元，车间管理人员工资42 000元，行政管理人员工资66 000元，销售机构人员工资10 000元。生产工人工资按生产工时分配，男式夹克生产工时23 000小时、女士夹克27 000小时。相关凭证见表4-64。

表4-64

工资总额及应扣款项计算表

2018年12月31日　　　　　　　　　　　　　　　　单位：元

部门	类别	人数	应付工资	养老保险(8%)	医疗保险(2%) 基本医疗	医疗保险(2%) 大病救助	失业保险(1%)	住房公积金(8%)	个人所得税	扣款合计	实发工资
生产部门	生产工人	80	320 000.00	25 600.00	6 400.00	800.00	3 200.00	25 600.00		61 600.00	258 400.00
生产部门	管理人员	10	42 000.00	3 360.00	840.00	100.00	420.00	3 360.00		8 080.00	33 920.00
总经理办公室		4	28 000.00	2 240.00	560.00	40.00	280.00	2 240.00	236.00	5 596.00	22 404.00
财务部		4	22 000.00	1 760.00	440.00	40.00	220.00	1 760.00	68.00	4 288.00	17 712.00
采购部		4	16 000.00	1 280.00	320.00	40.00	160.00	1 280.00		3 080.00	12 920.00
专设销售机构		2	10 000.00	800.00	200.00	20.00	100.00	800.00		1 920.00	8 080.00
合计		104	438 000.00	35 040.00	8 760.00	1 040.00	4 380.00	35 040.00	304.00	84 564.00	353 436.00

会计主管：王明堂　　　　　复核：李飞　　　　　制单：陈翔

业务34：12月31日，按工资总额计提本月单位负担的社会保险费和住房公积金（养老保险20%，医疗保险8%，失业保险2%，工伤保险0.5%，生育保险0.8%，住房公积金8%）。相关凭证见表4-65。

表 4-65

"五险一金"计算表

2018 年 12 月 31 日

应借账户	工资总额	养老保险	医疗保险	失业保险	工伤保险	生育保险	住房公积金	合计
生产成本-男士夹克								
生产成本-女士夹克								
制造费用								
管理费用								
销售费用								
合 计								

会计主管：王明堂　　　　　　复核：李飞　　　　　　制单：陈翔

业务 35：12 月 31 日，计提本月固定资产的折旧费，其中生产车间房屋建筑物原值 2 000 000.00 元，机械设备原值 650 000.00 元，出租设备原值 150 000.00 元；行政部门办公楼、仓库原值 1 500 000.00 元，管理用设备原值 500 000.00 元；销售部门设备原值 200 000.00 元。相关凭证见表 4-66。

表 4-66

固定资产折旧计算表

2018 年 12 月 31 日　　　　　　　　　　　　　　　单位：元

使用部门	固定资产类别	原价	月折旧率	月折旧额
生产车间	房屋及建筑物	2 000 000.00	0.3%	
	机器设备	650 000.00	0.8%	
	出租设备	150 000.00	0.8%	
	小计	2 800 000.00		
行政部门	办公楼、仓库	1 500 000.00	0.3%	
	管理用设备	500 000.00	0.8%	
	小计	2 000 000.00		
销售部门	设备	200 000.00	0.8%	
	合计	5 000 000.00		

会计主管：王明堂　　　　　　复核：李飞　　　　　　制单：陈翔

业务36：12月31日，分配本月电费（按7:2:1对电费进行分配到车间、行政部门、销售部门）。相关凭证见表4-67。

表4-67
电费计算分配表
2018年12月31日

部门	分配比例	分配的电费
生产部门	70%	
行政部门	20%	
销售部门	10%	
合计	100%	13 300.00

会计主管：王明堂　　　　　　复核：李飞　　　　　　制单：陈翔

业务37：12月31日，分配本季度水费（按4:3:3对水费进行分配到车间、行政部门、销售部门）。相关凭证见表4-68。

表4-68
水费计算分配表
2018年12月31日

部门	分配比例	分配的水费
生产部门	40%	
行政部门	30%	
销售部门	30%	
合计	100%	1 620.00

会计主管：王明堂　　　　　　复核：李飞　　　　　　制单：陈翔

业务38：12月31日，计算并结转本月发生的制造费用。按生产工时分配，男式夹克生产工时23 000小时、女士夹克27 000小时。相关凭证见表4-69、表4-70。

表4-69
企业名称：美登公司
制造费用计算表
2018年12月31日

摘要	薪酬	水电费	折旧费	其他	合计

会计主管：王明堂　　　　　　复核：李飞　　　　　　制单：陈翔

表 4-70　　　　　　　　　　**制造费用分配表**

2018 年 12 月 31 日　　　　　　　　　　　　　　　　单位：元

产品名称	分配标准（生产工时）	分配率	应分配金额
男式夹克	23 000		
女式夹克	27 000		
合　计	50 000		

会计主管：王明堂　　　　　　　　复核：李飞　　　　　　　　制单：陈翔

业务 39：12 月 31 日，月末汇总本月领料单，结转材料发出成本。男式夹克领用棉布 7 500 米，里布 6 000 米，纽扣 240 百粒，拉链 6 000 条，商标吊牌 6 000 个，包装袋 240 卷，纸箱 500 个。女式夹克领用棉布 7 000 米，里布 14 000 米，斜布纹 7 000 米，拉链 7 000 条，线 360 粒，商标吊牌 6 000 个，包装袋 140 卷，纸箱 600 个。相关凭证见表 4-71、表 4-72。

表 4-71　　　　　　　　　　**发出材料汇总表**

2018 年 12 月 31 日

产品名称：男式夹克（本月投产 6 000 件）

材料名称	计量单位	数量	单价	金额
棉布	米	7 500		
里布	米	6 000		
拉链	条	6 000		
纽扣	百粒	240		
包装袋	卷	120		
商标吊牌	个	6 000		
纸箱	个	500		
合　计				

会计主管：王明堂　　　　　　　　复核：李飞　　　　　　　　制单：陈翔

表 4-72　　　　　　　　　　　　　　**发出材料汇总表**

2018 年 12 月 31 日

产品名称：女式夹克（投产 8 000 件）

材料名称	计量单位	数量	单价	金额
棉布	米	7 000		
斜纹布	米	7 000		
里布	米	14 000		
拉链	件	7 000		
线	粒	360		
包装袋	卷	140		
商标吊牌	个	7 000		
纸箱	个	600		
合　计	—	—		

会计主管：王明堂　　　　　　　　　复核：李飞　　　　　　　　　制单：陈翔

业务 40：12 月 31 日，计算并结转完工产品成本。男式夹克完工入库 8 000 件；女式夹克完工入库 7 000 件，月末在产品 1 000 件。相关凭证见表 4-73、表 4-74。

表 4-73　　　　　　　　　　　　　　**产品成本计算表**

产品名称：男式夹克（完工 8 000 件）　2018 年 12 月 31 日　　　　　　　　　单位：元

摘要	直接材料	直接人工	制造费用	合计
月初结存 2 000 件定额成本				
据本月发料汇总表				
结算本月生产工人工资				
结转分配的制造费用				
本月生产费用合计				
结转本月完工产品成本				
在产品单位定额成本				

会计主管：王明堂　　　　　　　　　复核：李飞　　　　　　　　　制单：陈翔

表4-74

产品成本计算表
2018年12月31日

产品名称：女式夹克（完工7 000件、在产品1 000件）　　　　　　　　　　　　单位：元

摘要	直接材料	直接人工	制造费用	合计
据本月发料汇总				
结算本月生产工人工资				
结转分配的制造费用				
本月生产费用合计				
本月完工产品成本				
在产品单位定额成本				
月末在产品成本				

会计主管：王明堂　　　　　　　复核：李飞　　　　　　　制单：陈翔

业务41：12月31日，结转已销产品成本。相关凭证见表4-75。

表4-75

销售产品成本计算表
2018年12月31日　　　　　　　　　　　　　　　　　　　　　　金额单位：元

产品名称	计量单位	期初结存		本期完工入库		单价	本期销售		期末结存	
		数量	金额	数量	金额		数量	金额	数量	金额
男式夹克	件									
女式夹克	件									
合计										

会计主管：王明堂　　　　　　　复核：李飞　　　　　　　制单：陈翔

业务42：12月31日，计算并结转本月应纳增值税额。相关凭证见表4-76。

表4-76

应纳增值税计算表
2018年12月31日　　　　　　　　　　　　　　　　　　　　　　单位：元

税 种	销项税额	进项税额	应纳税额
合计			

会计主管：王明堂　　　　　　　复核：李飞　　　　　　　制单：陈翔

业务43：12月31日，按应纳增值税额计提城建税和教育费附加。相关凭证见表4-77。

表4-77　　　　　　　　　　　　　**税费计算表**

2018年12月31日　　　　　　　　　　　　　　　单位：元

税（费）种	计税基数	税（费）率	税（费）额
城市维护建设税			
教育费附加			
合计			

会计主管：王明堂　　　　　　　　复核：李飞　　　　　　　　制单：陈翔

业务44：12月31日，分摊本月应负担的办公楼租金。相关凭证见表4-78。

表4-78　　　　　　　　　　　　**办公楼租金分配表**

企业名称：晋江美登鞋服有限公司　　2018年12月31日

项目	时间	总金额	每月租金
办公楼租金	2018年10—12月	60 000.00	
合　计			

会计主管：王明堂　　　　　　　　复核：李飞　　　　　　　　制单：陈翔

业务45：12月31日，计提无形资产摊销费。相关凭证见表4-79。

表4-79　　　　　　　　　　　　**无形资产摊销表**

企业名称：晋江美登鞋服有限公司　　2018年12月31日

项目	摊销期	摊销总额	月摊销额
专利权	10年	300 000.00元	
合　计			

会计主管：王明堂　　　　　　　　复核：李飞　　　　　　　　制单：陈翔

业务 46：12 月 31 日，分摊本月应负担的仓库修缮费。相关凭证见表 4-80。

表 4-80　　　　　　　　　　**长期待摊费用摊销表**

企业名称：晋江美登鞋服有限公司　　2018 年 12 月 31 日

项　目	摊　销　期	摊销总额	月摊销额
仓库修缮费	15 个月	36 000.00 元	
合　　计			

会计主管：王明堂　　　　　　　　复核：李飞　　　　　　　　制单：陈翔

业务 47：12 月 31 日，结转本月收入类账户。相关凭证见表 4-81。

表 4-81　　　　　　　　　　**收入类账户发生额**

　　　　　　　　　　　　　2018 年 12 月 31 日　　　　　　　　　　　　单位：元

账户名称	本期借方发生额	本期贷方发生额
合　　计		

会计主管：王明堂　　　　　　　　复核：李飞　　　　　　　　制单：陈翔

业务 48：12 月 31 日，结转本月费用类账户。相关凭证见表 4-82。

表 4-82　　　　　　　　　　**费用类账户发生额**

　　　　　　　　　　　　　2018 年 12 月 31 日　　　　　　　　　　　　单位：元

账户名称	本期借方发生额	本期贷方发生额	账户名称	本期借方发生额	本期贷方发生额

会计主管：王明堂　　　　　　　　复核：李飞　　　　　　　　制单：陈翔

业务49：12月31日，计提并结转本月应交企业所得税。相关凭证见表4-83。

表4-83　　　　　　　　　**企业所得税按月预缴纳税申报简表**

税款所属期间：2018年12月1日至2018年12月31日　　　　单位：元

项目	本期金额	累计金额	项目	本期金额	累计金额
营业收入			应纳所得税额		
营业成本			实际已预缴所得税额	—	
利润总额			本月实际应补所得税额		—
税率（25%）					

业务50：12月31日，按净利润的10%提取法定盈余公积，50%分配股东利润。相关凭证见表4-84。

表4-84　　　　　　　　　**可供分配利润的计算及利润分配表**

2018年度　　　　　　　　　　　　　　　单位：元

项目	金额	项目	金额
一、本年度净利润		减：实际分配利润	
减：本年度应提取法定盈余公积		其中：南安风华	
二、扣除盈余公积后的本年利润		张金章	
加：年初未分配利润		张旭升	
三、本年度可供分配的净利润		四、本年度累计未分配利润	

注：经董事会研究决定，按净利润的50%分配股东红利。

业务51：12月31日，结转本年利润和利润分配明细账户。相关凭证见表4-85。

表4-85　　　　　　　**净利润和已分配利润结转及未分配利润计算表**

2018年度　　　　　　　　　　　　　　　单位：元

账户名称	结转前余额		实际结转		结转后余额	
	借方	贷方	借方	贷方	借方	贷方
本年利润	—			—	无	无
利润分配——提取法定盈余公积		—	—		无	无
利润分配——应付利润		—	—		无	无
利润分配——未分配利润		—			—	

二、实训要求

1. 审核原始凭证并填制记账凭证。
2. 编制记账凭证汇总表。
3. 登记日记账、明细账、总账。
4. 编制资产负债表、利润表。

附录

一、空白记账凭证

记 账 凭 证

年　月　日　　　　　　　　　　　　记字第　号

摘　要	总账科目	明细科目	借方科目	贷方科目	√
					□
					□
					□
					□
					□
					□
					□
附单据　　张		合　　计			□

会计主管：　　　记账：　　　出纳：　　　复核：　　　制单：

记 账 凭 证

年　月　日　　　　　　　　　　　　记字第　号

摘　要	总账科目	明细科目	借方科目	贷方科目	√
					□
					□
					□
					□
					□
					□
					□
附单据　　张		合　　计			□

会计主管：　　　记账：　　　出纳：　　　复核：　　　制单：

记 账 凭 证

记字第　号

年　月　日

摘　要	总账科目	明细科目	借方科目	贷方科目	√
					□
					□
					□
					□
					□
					□
					□
附单据　张	合　计				□

会计主管：　　　记账：　　　出纳：　　　复核：　　　制单：

记 账 凭 证

记字第　号

年　月　日

摘　要	总账科目	明细科目	借方科目	贷方科目	√
					□
					□
					□
					□
					□
					□
					□
附单据　张	合　计				□

会计主管：　　　记账：　　　出纳：　　　复核：　　　制单：

记 账 凭 证

记字第 号

年 月 日

摘 要	总账科目	明细科目	借方科目	贷方科目	√
					☐
					☐
					☐
					☐
					☐
					☐
					☐
附单据 张		合 计			☐

会计主管： 记账： 出纳： 复核： 制单：

记 账 凭 证

记字第 号

年 月 日

摘 要	总账科目	明细科目	借方科目	贷方科目	√
					☐
					☐
					☐
					☐
					☐
					☐
					☐
附单据 张		合 计			☐

会计主管： 记账： 出纳： 复核： 制单：

记 账 凭 证

　　　　　　年　月　日　　　　　　　　　　　　记字第　号

摘　要	总账科目	明细科目	借方科目	贷方科目	√
					□
					□
					□
					□
					□
					□
					□
附单据　张	合　计				□

会计主管：　　　记账：　　　出纳：　　　复核：　　　制单：

记 账 凭 证

　　　　　　年　月　日　　　　　　　　　　　　记字第　号

摘　要	总账科目	明细科目	借方科目	贷方科目	√
					□
					□
					□
					□
					□
					□
					□
附单据　张	合　计				□

会计主管：　　　记账：　　　出纳：　　　复核：　　　制单：

记 账 凭 证

年　月　日　　　　　　　　　　　　　　　　　　　记字第　　号

摘　要	总账科目	明细科目	借方科目	贷方科目	√
					□
					□
					□
					□
					□
					□
					□
附单据　　张	合　　计				□

会计主管：　　　　记账：　　　　出纳：　　　　复核：　　　　制单：

记 账 凭 证

年　月　日　　　　　　　　　　　　　　　　　　　记字第　　号

摘　要	总账科目	明细科目	借方科目	贷方科目	√
					□
					□
					□
					□
					□
					□
					□
附单据　　张	合　　计				□

会计主管：　　　　记账：　　　　出纳：　　　　复核：　　　　制单：

记 账 凭 证

记字第　　号

　　年　　月　　日

摘　要	总账科目	明细科目	借方科目	贷方科目	√
					□
					□
					□
					□
					□
					□
					□
附单据　　张	合　　计				□

会计主管：　　　　记账：　　　　出纳：　　　　复核：　　　　制单：

记 账 凭 证

记字第　　号

　　年　　月　　日

摘　要	总账科目	明细科目	借方科目	贷方科目	√
					□
					□
					□
					□
					□
					□
					□
附单据　　张	合　　计				□

会计主管：　　　　记账：　　　　出纳：　　　　复核：　　　　制单：

记 账 凭 证　　　　　记字第　号
年　月　日

摘　要	总账科目	明细科目	借方科目	贷方科目	√
					□
					□
					□
					□
					□
					□
					□
附单据　　张		合　计			□

会计主管：　　　记账：　　　出纳：　　　复核：　　　制单：

记 账 凭 证　　　　　记字第　号
年　月　日

摘　要	总账科目	明细科目	借方科目	贷方科目	√
					□
					□
					□
					□
					□
					□
					□
附单据　　张		合　计			□

会计主管：　　　记账：　　　出纳：　　　复核：　　　制单：

记 账 凭 证

记字第　号

年　月　日

摘　要	总账科目	明细科目	借方科目	贷方科目	√
					□
					□
					□
					□
					□
					□
					□
附单据　张	合　计				□

会计主管：　　　记账：　　　出纳：　　　复核：　　　制单：

记 账 凭 证

记字第　号

年　月　日

摘　要	总账科目	明细科目	借方科目	贷方科目	√
					□
					□
					□
					□
					□
					□
					□
附单据　张	合　计				□

会计主管：　　　记账：　　　出纳：　　　复核：　　　制单：

记 账 凭 证

年　月　日　　　　　　　　　　　　　　　　　记字第　号

摘　要	总账科目	明细科目	借方科目	贷方科目	√
					□
					□
					□
					□
					□
					□
					□
附单据　　张	合　　计				□

会计主管：　　　记账：　　　出纳：　　　复核：　　　制单：

记 账 凭 证

年　月　日　　　　　　　　　　　　　　　　　记字第　号

摘　要	总账科目	明细科目	借方科目	贷方科目	√
					□
					□
					□
					□
					□
					□
					□
附单据　　张	合　　计				□

会计主管：　　　记账：　　　出纳：　　　复核：　　　制单：

记 账 凭 证

年　月　日　　　　　　　　　　　　　　　　记字第　　号

摘　要	总账科目	明细科目	借方科目	贷方科目	√
					□
					□
					□
					□
					□
					□
					□
附单据　　张	合　　计				□

会计主管：　　　　记账：　　　　出纳：　　　　复核：　　　　制单：

记 账 凭 证

年　月　日　　　　　　　　　　　　　　　　记字第　　号

摘　要	总账科目	明细科目	借方科目	贷方科目	√
					□
					□
					□
					□
					□
					□
					□
附单据　　张	合　　计				□

会计主管：　　　　记账：　　　　出纳：　　　　复核：　　　　制单：

记 账 凭 证

记字第　号

年　月　日

摘　要	总账科目	明细科目	借方科目	贷方科目	√
					□
					□
					□
					□
					□
					□
					□
附单据　　张		合　　计			□

会计主管：　　　记账：　　　出纳：　　　复核：　　　制单：

记 账 凭 证

记字第　号

年　月　日

摘　要	总账科目	明细科目	借方科目	贷方科目	√
					□
					□
					□
					□
					□
					□
					□
附单据　　张		合　　计			□

会计主管：　　　记账：　　　出纳：　　　复核：　　　制单：

记 账 凭 证

记字第　号

年　月　日

摘　要	总账科目	明细科目	借方科目	贷方科目	√
					□
					□
					□
					□
					□
					□
					□
附单据　　张	合　计				□

会计主管：　　　　记账：　　　　出纳：　　　　复核：　　　　制单：

记 账 凭 证

记字第　号

年　月　日

摘　要	总账科目	明细科目	借方科目	贷方科目	√
					□
					□
					□
					□
					□
					□
					□
附单据　　张	合　计				□

会计主管：　　　　记账：　　　　出纳：　　　　复核：　　　　制单：

记 账 凭 证

年　月　日　　　　　　　　　　　　　　记字第　号

摘　要	总账科目	明细科目	借方科目	贷方科目	√
					□
					□
					□
					□
					□
					□
					□
附单据　张		合　计			□

会计主管：　　　记账：　　　出纳：　　　复核：　　　制单：

记 账 凭 证

年　月　日　　　　　　　　　　　　　　记字第　号

摘　要	总账科目	明细科目	借方科目	贷方科目	√
					□
					□
					□
					□
					□
					□
					□
附单据　张		合　计			□

会计主管：　　　记账：　　　出纳：　　　复核：　　　制单：

记 账 凭 证

年　月　日　　　　　　　　　　　　　　　记字第　号

摘　要	总账科目	明细科目	借方科目	贷方科目	√
					□
					□
					□
					□
					□
					□
					□
附单据　张		合　计			□

会计主管：　　　　记账：　　　　出纳：　　　　复核：　　　　制单：

记 账 凭 证

年　月　日　　　　　　　　　　　　　　　记字第　号

摘　要	总账科目	明细科目	借方科目	贷方科目	√
					□
					□
					□
					□
					□
					□
					□
附单据　张		合　计			□

会计主管：　　　　记账：　　　　出纳：　　　　复核：　　　　制单：

记 账 凭 证

记字第　号

年　月　日

摘　要	总账科目	明细科目	借方科目	贷方科目	√
					□
					□
					□
					□
					□
					□
					□
附单据　张	合　计				□

会计主管：　　　记账：　　　出纳：　　　复核：　　　制单：

记 账 凭 证

记字第　号

年　月　日

摘　要	总账科目	明细科目	借方科目	贷方科目	√
					□
					□
					□
					□
					□
					□
					□
附单据　张	合　计				□

会计主管：　　　记账：　　　出纳：　　　复核：　　　制单：

记 账 凭 证

记字第　号

　　年　月　日

摘　要	总账科目	明细科目	借方科目	贷方科目	√
					□
					□
					□
					□
					□
					□
					□
附单据　张		合　计			□

会计主管：　　　　记账：　　　　出纳：　　　　复核：　　　　制单：

记 账 凭 证

记字第　号

　　年　月　日

摘　要	总账科目	明细科目	借方科目	贷方科目	√
					□
					□
					□
					□
					□
					□
					□
附单据　张		合　计			□

会计主管：　　　　记账：　　　　出纳：　　　　复核：　　　　制单：

记 账 凭 证

记字第　号

　　年　月　日

摘　要	总账科目	明细科目	借方科目	贷方科目	√
					□
					□
					□
					□
					□
					□
					□
附单据　　张		合　　计			□

会计主管：　　　记账：　　　出纳：　　　复核：　　　制单：

记 账 凭 证

记字第　号

　　年　月　日

摘　要	总账科目	明细科目	借方科目	贷方科目	√
					□
					□
					□
					□
					□
					□
					□
附单据　　张		合　　计			□

会计主管：　　　记账：　　　出纳：　　　复核：　　　制单：

记 账 凭 证

年　月　日　　　　　　　　　　　　　　　　　记字第　号

摘　要	总账科目	明细科目	借方科目	贷方科目	√
					□
					□
					□
					□
					□
					□
					□
附单据　　张		合　计			□

会计主管：　　　记账：　　　出纳：　　　复核：　　　制单：

记 账 凭 证

年　月　日　　　　　　　　　　　　　　　　　记字第　号

摘　要	总账科目	明细科目	借方科目	贷方科目	√
					□
					□
					□
					□
					□
					□
					□
附单据　　张		合　计			□

会计主管：　　　记账：　　　出纳：　　　复核：　　　制单：

记 账 凭 证

　　　年　月　日　　　　　　　　　　　　　　　　记字第　号

摘　要	总账科目	明细科目	借方科目	贷方科目	√
					□
					□
					□
					□
					□
					□
					□
附单据　张	合　计				□

会计主管：　　　　记账：　　　　出纳：　　　　复核：　　　　制单：

记 账 凭 证

　　　年　月　日　　　　　　　　　　　　　　　　记字第　号

摘　要	总账科目	明细科目	借方科目	贷方科目	√
					□
					□
					□
					□
					□
					□
					□
附单据　张	合　计				□

会计主管：　　　　记账：　　　　出纳：　　　　复核：　　　　制单：

记 账 凭 证

年　月　日　　　　　　　　　　　　　　　　　记字第　号

摘　要	总账科目	明细科目	借方科目	贷方科目	√
					□
					□
					□
					□
					□
					□
					□
附单据　　张		合　　计			□

会计主管：　　　　记账：　　　　出纳：　　　　复核：　　　　制单：

记 账 凭 证

年　月　日　　　　　　　　　　　　　　　　　记字第　号

摘　要	总账科目	明细科目	借方科目	贷方科目	√
					□
					□
					□
					□
					□
					□
					□
附单据　　张		合　　计			□

会计主管：　　　　记账：　　　　出纳：　　　　复核：　　　　制单：

记 账 凭 证

记字第　号

年　月　日

摘　要	总账科目	明细科目	借方科目	贷方科目	√
					□
					□
					□
					□
					□
					□
					□
附单据　张		合　计			□

会计主管：　　　记账：　　　出纳：　　　复核：　　　制单：

记 账 凭 证

记字第　号

年　月　日

摘　要	总账科目	明细科目	借方科目	贷方科目	√
					□
					□
					□
					□
					□
					□
					□
附单据　张		合　计			□

会计主管：　　　记账：　　　出纳：　　　复核：　　　制单：

记 账 凭 证

年　月　日　　　　　　　　　　　　　　记字第　　号

摘　要	总账科目	明细科目	借方科目	贷方科目	√
					□
					□
					□
					□
					□
					□
					□
附单据　　张		合　　计			□

会计主管：　　　记账：　　　出纳：　　　复核：　　　制单：

记 账 凭 证

年　月　日　　　　　　　　　　　　　　记字第　　号

摘　要	总账科目	明细科目	借方科目	贷方科目	√
					□
					□
					□
					□
					□
					□
					□
附单据　　张		合　　计			□

会计主管：　　　记账：　　　出纳：　　　复核：　　　制单：

记 账 凭 证

记字第　　号

　　年　　月　　日

摘　要	总账科目	明细科目	借方科目	贷方科目	√
					□
					□
					□
					□
					□
					□
					□
附单据　　张	合　　计				□

会计主管：　　　　记账：　　　　出纳：　　　　复核：　　　　制单：

记 账 凭 证

记字第　　号

　　年　　月　　日

摘　要	总账科目	明细科目	借方科目	贷方科目	√
					□
					□
					□
					□
					□
					□
					□
附单据　　张	合　　计				□

会计主管：　　　　记账：　　　　出纳：　　　　复核：　　　　制单：

记 账 凭 证

记字第 号

年 月 日

摘 要	总账科目	明细科目	借方科目	贷方科目	√
					☐
					☐
					☐
					☐
					☐
					☐
					☐
附单据　　张	合　计				☐

会计主管：　　　　记账：　　　　出纳：　　　　复核：　　　　制单：

记 账 凭 证

记字第 号

年 月 日

摘 要	总账科目	明细科目	借方科目	贷方科目	√
					☐
					☐
					☐
					☐
					☐
					☐
					☐
附单据　　张	合　计				☐

会计主管：　　　　记账：　　　　出纳：　　　　复核：　　　　制单：

记 账 凭 证

　　　　年　月　日　　　　　　　　　　　　　　　记字第　　号

摘　要	总账科目	明细科目	借方科目	贷方科目	√
					□
					□
					□
					□
					□
					□
					□
附单据　　张		合　　计			□

会计主管：　　　　记账：　　　　出纳：　　　　复核：　　　　制单：

记 账 凭 证

　　　　年　月　日　　　　　　　　　　　　　　　记字第　　号

摘　要	总账科目	明细科目	借方科目	贷方科目	√
					□
					□
					□
					□
					□
					□
					□
附单据　　张		合　　计			□

会计主管：　　　　记账：　　　　出纳：　　　　复核：　　　　制单：

记 账 凭 证

记字第　号

　　年　月　日

摘　要	总账科目	明细科目	借方科目	贷方科目	√
					□
					□
					□
					□
					□
					□
					□
附单据　　张		合　　计			□

会计主管：　　　记账：　　　出纳：　　　复核：　　　制单：

记 账 凭 证

记字第　号

　　年　月　日

摘　要	总账科目	明细科目	借方科目	贷方科目	√
					□
					□
					□
					□
					□
					□
					□
附单据　　张		合　　计			□

会计主管：　　　记账：　　　出纳：　　　复核：　　　制单：

记 账 凭 证

　　　　年　月　日　　　　　　　　　　　　　　　记字第　号

摘　要	总账科目	明细科目	借方科目	贷方科目	√
					□
					□
					□
					□
					□
					□
					□
附单据　　张		合　计			□

会计主管：　　　　记账：　　　　出纳：　　　　复核：　　　　制单：

记 账 凭 证

　　　　年　月　日　　　　　　　　　　　　　　　记字第　号

摘　要	总账科目	明细科目	借方科目	贷方科目	√
					□
					□
					□
					□
					□
					□
					□
附单据　　张		合　计			□

会计主管：　　　　记账：　　　　出纳：　　　　复核：　　　　制单：

记 账 凭 证

年　月　日　　　　　　　　　　　　　　　记字第　号

摘　要	总账科目	明细科目	借方科目	贷方科目	√
					□
					□
					□
					□
					□
					□
					□
附单据　张		合　计			□

会计主管：　　　记账：　　　出纳：　　　复核：　　　制单：

记 账 凭 证

年　月　日　　　　　　　　　　　　　　　记字第　号

摘　要	总账科目	明细科目	借方科目	贷方科目	√
					□
					□
					□
					□
					□
					□
					□
附单据　张		合　计			□

会计主管：　　　记账：　　　出纳：　　　复核：　　　制单：

记 账 凭 证

年　月　日　　　　　　　　　　　　　　　记字第　号

摘　要	总账科目	明细科目	借方科目	贷方科目	√
					□
					□
					□
					□
					□
					□
					□
附单据　　张	合　计				□

会计主管：　　　记账：　　　出纳：　　　复核：　　　制单：

记 账 凭 证

年　月　日　　　　　　　　　　　　　　　记字第　号

摘　要	总账科目	明细科目	借方科目	贷方科目	√
					□
					□
					□
					□
					□
					□
					□
附单据　　张	合　计				□

会计主管：　　　记账：　　　出纳：　　　复核：　　　制单：

记 账 凭 证

记字第　号

年　月　日

摘　要	总账科目	明细科目	借方科目	贷方科目	√
					□
					□
					□
					□
					□
					□
					□
附单据　　张		合　计			□

会计主管：　　　　记账：　　　　出纳：　　　　复核：　　　　制单：

记 账 凭 证

记字第　号

年　月　日

摘　要	总账科目	明细科目	借方科目	贷方科目	√
					□
					□
					□
					□
					□
					□
					□
附单据　　张		合　计			□

会计主管：　　　　记账：　　　　出纳：　　　　复核：　　　　制单：

二、空白账页

现金日记账

第　页

年		凭证号数	对方科目	摘要	收入（借方）金额									支出（贷方）金额									借或贷	结余金额								
月	日				千	百	十	万	千	百	十	元	角	分	千	百	十	万	千	百	十	元	角	分		千	百	十	万	千	百	十	元	角	分

现 金 日 记 账

第　页

年		凭证号数	对方科目	摘要	收入（借方）金额									支出（贷方）金额									借或贷	结余金额								
月	日				千	百	十	万	千	百	十	元	角	分	千	百	十	万	千	百	十	元	角	分		千	百	十	万	千	百	十	元	角	分

现 金 日 记 账

第 页

年		凭证号数	对方科目	摘要	收入（借方）金额									支出（贷方）金额									借或贷	结余金额								
月	日				千	百	十	万	千	百	十	元	角	分	千	百	十	万	千	百	十	元	角	分		千	百	十	万	千	百	十	元	角	分

银行存款日记账

第 页

年		凭证号数	支票号码	对方科目	摘要	收入（借方）金额									支出（贷方）金额									借或贷	结余金额								
月	日					千	百	十	万	千	百	十	元	角	分	千	百	十	万	千	百	十	元	角	分		千	百	十	万	千	百	十	元	角	分

银行存款日记账

第　页

年		凭证号数	支票号码	对方科目	摘要	收入（借方）金额										支出（贷方）金额										借或贷	结余金额									
月	日					千	百	十	万	千	百	十	元	角	分	千	百	十	万	千	百	十	元	角	分		千	百	十	万	千	百	十	元	角	分

银行存款日记账

第　页

年		凭证号数	支票号码	对方科目	摘要	收入（借方）金额									支出（贷方）金额									借或贷	结余金额								
月	日					千	百	十	万	千	百	十	元	角	分	千	百	十	万	千	百	十	元	角	分		千	百	十	万	千	百	十	元	角	分

总账

第 页

年		凭证		摘要	对方科目	借方金额									贷方金额									借或贷	余额								
月	日	种类	号数			千	百	十	万	千	百	十	元	角	分	千	百	十	万	千	百	十	元	角	分		千	百	十	万	千	百	十	元	角	分

总 账

年		凭证		摘 要	对方科目	借方金额									贷方金额									借或贷	余 额								
月	日	种类	号数			千	百	十	万	千	百	十	元	角	分	千	百	十	万	千	百	十	元	角	分		千	百	十	万	千	百	十	元	角	分

总 账

第　页

年	凭证		摘要	对方科目	借方金额									贷方金额									借或贷	余额								
月 日	种类	号数			千	百	十	万	千	百	十	元	角	分	千	百	十	万	千	百	十	元	角	分		千	百	十	万	千	百	十	元	角	分

总账

年		凭证		摘要	对方科目	借方金额									贷方金额									借或贷	余额								
月	日	种类	号数			千	百	十	万	千	百	十	元	角	分	千	百	十	万	千	百	十	元	角	分		千	百	十	万	千	百	十	元	角	分

总 账

第 页

年		凭证		摘要	对方科目	借方金额 千 百 十 万 千 百 十 元 角 分	贷方金额 千 百 十 万 千 百 十 元 角 分	借或贷	余 额 千 百 十 万 千 百 十 元 角 分
月	日	种类	号数						

总 账

第 页

年		凭证		摘要	对方科目	借方金额										贷方金额										借或贷	余额									
月	日	种类	号数			千	百	十	万	千	百	十	元	角	分	千	百	十	万	千	百	十	元	角	分		千	百	十	万	千	百	十	元	角	分

总 账

第　页

年		凭证		摘要	对方科目	借方金额									贷方金额									借或贷	余　额								
月	日	种类	号数			千	百	十	万	千	百	十	元	角	分	千	百	十	万	千	百	十	元	角	分		千	百	十	万	千	百	十	元	角	分

总 账

第 页

年		凭证		摘要	对方科目	借方金额									贷方金额									借或贷	余额								
月	日	种类	号数			千	百	十	万	千	百	十	元	角	分	千	百	十	万	千	百	十	元	角	分		千	百	十	万	千	百	十	元	角	分

总账

第　页

年　月　日	凭证		摘要	对方科目	借方金额									贷方金额									借或贷	余额								
	种类	号数			千	百	十	万	千	百	十	元	角	分	千	百	十	万	千	百	十	元	角	分		千	百	十	万	千	百	十	元	角	分

总 账

第 页

年		凭证		摘要	对方科目	借方金额									贷方金额									借或贷	余 额								
月	日	种类	号数			千	百	十	万	千	百	十	元	角	分	千	百	十	万	千	百	十	元	角	分		千	百	十	万	千	百	十	元	角	分

总账

第 页

年 月	日	凭证 种类	号数	摘要	对方科目	借方金额 千百十万千百十元角分	贷方金额 千百十万千百十元角分	借或贷	余额 千百十万千百十元角分

总 账

第　页

年		凭证		摘要	对方科目	借方金额 千百十万千百十元角分	贷方金额 千百十万千百十元角分	借或贷	余 额 千百十万千百十元角分
月	日	种类	号数						

总 账

第 页

年		凭证		摘要	对方科目	借方金额									贷方金额									借或贷	余 额								
月	日	种类	号数			千	百	十	万	千	百	十	元	角	分	千	百	十	万	千	百	十	元	角	分		千	百	十	万	千	百	十	元	角	分

总 账

第 页

年		凭证		摘要	对方科目	借方金额									贷方金额									借或贷	余 额								
月	日	种类	号数			千	百	十	万	千	百	十	元	角	分	千	百	十	万	千	百	十	元	角	分		千	百	十	万	千	百	十	元	角	分

总 账

第 页

年		凭证		摘要	对方科目	借方金额									贷方金额									借或贷	余额								
月	日	种类	号数			千	百	十	万	千	百	十	元	角	分	千	百	十	万	千	百	十	元	角	分		千	百	十	万	千	百	十	元	角	分

总 账

第 页

年	凭证		摘要	对方科目	借方金额									贷方金额									借或贷	余 额								
月 日	种类	号数			千	百	十	万	千	百	十	元	角 分	千	百	十	万	千	百	十	元	角 分		千	百	十	万	千	百	十	元	角 分

总账

第 页

年		凭证		摘要	对方科目	借方金额									贷方金额									借或贷	余额								
月	日	种类	号数			千	百	十	万	千	百	十	元	角	分	千	百	十	万	千	百	十	元	角	分		千	百	十	万	千	百	十	元	角	分

总 账

第 页

年		凭证		摘要	对方科目	借方金额 千百十万千百十元角分	贷方金额 千百十万千百十元角分	借或贷	余额 千百十万千百十元角分
月	日	种类	号数						

总 账

第 页

年	凭证		摘要	对方科目	借方金额									贷方金额									借或贷	余额								
月 日	种类	号数			千	百	十	万	千	百	十	元	角 分	千	百	十	万	千	百	十	元	角 分		千	百	十	万	千	百	十	元	角 分

总 账

第 页

年		凭证		摘要	对方科目	借方金额									贷方金额									借或贷	余额								
月	日	种类	号数			千	百	十	万	千	百	十	元	角	分	千	百	十	万	千	百	十	元	角	分		千	百	十	万	千	百	十	元	角	分

总 账

第 页

年		凭证		摘要	对方科目	借方金额									贷方金额									借或贷	余 额								
月	日	种类	号数			千	百	十	万	千	百	十	元	角	分	千	百	十	万	千	百	十	元	角	分		千	百	十	万	千	百	十	元	角	分

总 账

第 页

年	月	日	凭证		摘 要	对方科目	借方金额									贷方金额									借或贷	余 额								
			种类	号数			千	百	十	万	千	百	十	元	角	分	千	百	十	万	千	百	十	元	角	分		千	百	十	万	千	百	十	元	角	分

270

总账

第 页

年	月	日	凭证		摘要	对方科目	借方金额									贷方金额									借或贷	余额								
			种类	号数			千	百	十	万	千	百	十	元	角	分	千	百	十	万	千	百	十	元	角	分		千	百	十	万	千	百	十	元	角	分

总 账

第 页

年 月	日	凭证		摘要	对方科目	借方金额 千百十万千百十元角分	贷方金额 千百十万千百十元角分	借或贷	余 额 千百十万千百十元角分
		种类	号数						

总 账

年		凭证		摘要	对方科目	借方金额								贷方金额								借或贷	余额							
月	日	种类	号数			千	百	十	万	千	百	十	元	角	分	千	百	十	万	千	百	十	元	角	分		千	百	十	万	千	百	十	元	角	分

总账

第　页

年		凭证		摘要	对方科目	借方金额									贷方金额									借或贷	余额								
月	日	种类	号数			千	百	十	万	千	百	十	元	角	分	千	百	十	万	千	百	十	元	角	分		千	百	十	万	千	百	十	元	角	分

总账

年 月 日	凭证 种类	凭证 号数	摘 要	对方科目	借方金额 千百十万千百十元角分	贷方金额 千百十万千百十元角分	借或贷	余 额 千百十万千百十元角分

总 账

年		凭证		摘要	对方科目	借方金额									贷方金额									借或贷	余额								
月	日	种类	号数			千	百	十	万	千	百	十	元	角	分	千	百	十	万	千	百	十	元	角	分		千	百	十	万	千	百	十	元	角	分

总 账

第 页

年 月	凭证		摘要	对方科目	借方金额									贷方金额									借或贷	余额								
日	种类	号数			千	百	十	万	千	百	十	元	角 分	千	百	十	万	千	百	十	元	角 分		千	百	十	万	千	百	十	元	角 分

总 账

第 页

年 月 日	凭证 种类	凭证 号数	摘要	对方科目	借方金额 千百十万千百十元角分	贷方金额 千百十万千百十元角分	借或贷	余额 千百十万千百十元角分

总 账

年		凭证		摘要	对方科目	借方金额									贷方金额									借或贷	余额								
月	日	种类	号数			千	百	十	万	千	百	十	元	角	分	千	百	十	万	千	百	十	元	角	分		千	百	十	万	千	百	十	元	角	分

总 账

年		凭证		摘要	对方科目	借方金额										贷方金额										借或贷	余额									
月	日	种类	号数			千	百	十	万	千	百	十	元	角	分	千	百	十	万	千	百	十	元	角	分		千	百	十	万	千	百	十	元	角	分

总账

第 页

年		凭证		摘要	对方科目	借方金额									贷方金额									借或贷	余额								
月	日	种类	号数			千	百	十	万	千	百	十	元	角	分	千	百	十	万	千	百	十	元	角	分		千	百	十	万	千	百	十	元	角	分

总 账

第 页

年		凭证		摘要	对方科目	借方金额								贷方金额								借或贷	余额							
月	日	种类	号数			千	百	十	万	千	百	十	元	角	分	千	百	十	万	千	百	十	元	角	分		千	百	十	万	千	百	十	元	角	分

总账

第 页

年		凭证		摘要	对方科目	借方金额									贷方金额									借或贷	余额								
月	日	种类	号数			千	百	十	万	千	百	十	元	角	分	千	百	十	万	千	百	十	元	角	分		千	百	十	万	千	百	十	元	角	分

总 账

凭证		摘要	对方科目	借方金额									贷方金额									借或贷	余 额								
种类	号数			千	百	十	万	千	百	十	元	角	分	千	百	十	万	千	百	十	元	角	分		千	百	十	万	千	百	十	元	角	分

年 月 日

总 账

年		凭证		摘要	对方科目	借方金额 千百十万千百十元角分	贷方金额 千百十万千百十元角分	借或贷	余额 千百十万千百十元角分
月	日	种类	号数						

总 账

年		凭证		摘要	对方科目	借方金额										贷方金额										借或贷	余 额									
月	日	种类	号数			千	百	十	万	千	百	十	元	角	分	千	百	十	万	千	百	十	元	角	分		千	百	十	万	千	百	十	元	角	分

总 账

第 页

年		凭证		摘要	对方科目	借方金额									贷方金额									借或贷	余额								
月	日	种类	号数			千	百	十	万	千	百	十	元	角	分	千	百	十	万	千	百	十	元	角	分		千	百	十	万	千	百	十	元	角	分

总 账

第 页

年		凭证		摘要	对方科目	借方金额									贷方金额									借或贷	余额								
月	日	种类	号数			千	百	十	万	千	百	十	元	角	分	千	百	十	万	千	百	十	元	角	分		千	百	十	万	千	百	十	元	角	分

总 账

第　页

年		凭证		摘要	对方科目	借方金额										贷方金额										借或贷	余额									
月	日	种类	号数			千	百	十	万	千	百	十	元	角	分	千	百	十	万	千	百	十	元	角	分		千	百	十	万	千	百	十	元	角	分

总 账

第 页

年 月	日	凭证 种类	凭证 号数	摘要	对方科目	借方金额 千百十万千百十元角分	贷方金额 千百十万千百十元角分	借 或 贷	余 额 千百十万千百十元角分

明细账

___级科目名称___　　　　　　　　　　　　　　　　　　　　　　　总第　　页
　　　　　　　　　　　　　　　　　　　　　　　　　　　　　　　分第　　页

年		凭证		摘要	借方金额									贷方金额									借或贷	余额								
月	日	种类	号数		千	百	十	万	千	百	十	元	角	分	千	百	十	万	千	百	十	元	角	分		千	百	十	万	千	百	十	元	角	分
														√										√											√

明细账

_____级科目名称_____　　　　　　　　　　　　　　　　　　　　　　　　　　　　总第___页
　　　　　　　　　　　　　　　　　　　　　　　　　　　　　　　　　　　　　　分第___页

年		凭证		摘要	借方金额									贷方金额									借或贷	余额									√
月	日	种类	号数		千	百	十	万	千	百	十	元	角	分	千	百	十	万	千	百	十	元	角	分		千	百	十	万	千	百	十	元	角	分

明细账

级科目名称			摘要	借方金额										贷或贷	贷方金额										√	余额									
年	凭证			千	百	十	万	千	百	十	元	角	分		千	百	十	万	千	百	十	元	角	分		千	百	十	万	千	百	十	元	角	分
月 日	种类	号数																																	

总第　页
分第　页

明细账

级科目名称_____		摘要	借方金额								贷方金额								借或贷	余额								总第____页 分第____页
凭证			√								√									√								
年			千	百	十	万	千	百	十	元	角	分	千	百	十	万	千	百	十	元	角	分	千	百	十	万	千	百	十	元	角	分
月	日	种类	号数																										

明细账

级科目名称 _____   总第 页
                    分第 页

年 月	日	凭证 种类	号数	摘要	借方金额 千百十万千百十元角分	√	贷方金额 千百十万千百十元角分	借或贷 √	余额 千百十万千百十元角分	√

明细账

年 月	日	凭证 种类	凭证 号数	摘要	借方金额 千百十万千百十元角分	√	贷方金额 千百十万千百十元角分	√	借 或 贷	余 额 千百十万千百十元角分	√

____ 级科目名称 ____

总第 页
分第 页

明细账

级科目名称				借方金额	贷方金额	借或贷	余额
年	凭证		摘要	千百十万千百十元角分 √	千百十万千百十元角分 √		千百十万千百十元角分 √
月 日	种类	号数					

明细账

总第　　页
分第　　页

___级科目名称_____

年		凭证		摘要	借方金额									贷方金额									借或贷	余额								
月	日	种类	号数		千	百	十	万	千	百	十	元	角	分	千	百	十	万	千	百	十	元	角	分	√	千	百	十	万	千	百	十	元	角	分

明细账

总第　　页　　分第　　页

_____级科目名称_____

年		凭证		摘要	借方金额									贷方金额									借或贷	余额								
月	日	种类	号数		千	百	十	万	千	百	十	元	角	分	千	百	十	万	千	百	十	元	角	分		千	百	十	万	千	百	十	元	角	分

明细账

___级科目名称_____ 总第___页 分第___页

年		凭证		摘要	借方金额									贷方金额									借或贷	余额								
月	日	种类	号数		千	百	十	万	千	百	十	元	角	分	千	百	十	万	千	百	十	元	角	分		千	百	十	万	千	百	十	元	角	分

明细账

级科目名称 _____   总第　页
　　　　　　　　　　　　　　　　　分第　页

年		凭证		摘要	借方金额										贷方金额										借或贷	余额									
月	日	种类	号数		千	百	十	万	千	百	十	元	角	分	千	百	十	万	千	百	十	元	角	分		千	百	十	万	千	百	十	元	角	分

明细账

科目名称 _____ 级 _____ 总第 ___ 页 分第 ___ 页

年		凭证		摘要	借方金额									借或贷	贷方金额									借或贷	余额								
月	日	种类	号数		千	百	十	万	千	百	十	元	角	分	千	百	十	万	千	百	十	元	角	分	千	百	十	万	千	百	十	元	角	分

明细账

总第　　页
分第　　页

年	月	日	凭证		摘要	借方金额									√	贷方金额									借或贷	余额									√
			种类	号数		千	百	十	万	千	百	十	元	角	分	千	百	十	万	千	百	十	元	角	分		千	百	十	万	千	百	十	元	角	分

__级科目名称_____

明细账

总第　　页
分第　　页

级科目名称　　　　　

年		凭证		摘要	借方金额										贷方金额										借或贷	余额									
月	日	种类	号数		千	百	十	万	千	百	十	元	角	分	千	百	十	万	千	百	十	元	角	分		千	百	十	万	千	百	十	元	角	分
														√										√											√

明细账

级科目名称 _____			摘要	借方金额									√	贷方金额									√	借或贷	余 额									√	总第 页 分第 页
年		凭证		千	百	十	万	千	百	十	元	角	分	千	百	十	万	千	百	十	元	角	分		千	百	十	万	千	百	十	元	角	分	
月	日	种类	号数																																

明细账

科目名称 _____ 级 _____

总第 ____ 页
分第 ____ 页

年 月 日	凭证		摘要	借方金额									贷方金额									借或贷	余额								
	种类	号数		千	百	十	万	千	百	十	元	角	分	千	百	十	万	千	百	十	元	角	分		千	百	十	万	千	百	十	元	角	分

明细账

级科目名称 _____

总 第 页
分 第 页

年		凭证		摘要	借方金额								√	贷方金额								√	借或贷	余额								√
月	日	种类	号数		千	百	十	万	千	百	十	元	角	分	千	百	十	万	千	百	十	元	角	分		千	百	十	万	千	百	十	元	角	分

明细账

级科目名称 _____ 总第 页 分第 页

年	凭证		摘要	借方金额								贷方金额								借或贷	余额							
月 日	种类	号数		千	百	十	万	千	百	十	元	角	分	千	百	十	万	千	百	十	元	角	分		千	百	十	万	千	百	十	元	角	分

明细账

总第　页
分第　页

_____级科目名称_____

年		凭证		摘要	借方金额									借或贷	贷方金额										余额								
月	日	种类	号数		千	百	十	万	千	百	十	元	角	分		千	百	十	万	千	百	十	元	角	分	千	百	十	万	千	百	十	元	角	分

明细账

_____级科目名称_____　　　　　　　　　　　　　　　　　　　　　　　　　　　总第　页
　　　　　　　　　　　　　　　　　　　　　　　　　　　　　　　　　　　　　分第　页

年		凭证		摘要	借方金额									贷方金额									借或贷	余额								
月	日	种类	号数		千	百	十	万	千	百	十	元	角	分	千	百	十	万	千	百	十	元	角	分		千	百	十	万	千	百	十	元	角	分

明细账

级科目名称 _____

总第　页
分第　页

年		凭证		摘要	借方金额									√	贷方金额									借或贷	余　额									√
月	日	种类	号数		千	百	十	万	千	百	十	元	角	分	千	百	十	万	千	百	十	元	角	分		千	百	十	万	千	百	十	元	角	分

明细账

级科目名称 _____

总第 页
分第 页

年		凭证		摘要	借方金额									贷方金额									借或贷	余额								
月	日	种类	号数		千	百	十	万	千	百	十	元	角	分	千	百	十	万	千	百	十	元	角	分		千	百	十	万	千	百	十	元	角	分

明细账

总第　　页
分第　　页

____级科目名称_____

年		凭证		摘要	借方金额									√	贷方金额									√	借或贷	余　　额									√
月	日	种类	号数		千	百	十	万	千	百	十	元	角	分	千	百	十	万	千	百	十	元	角	分		千	百	十	万	千	百	十	元	角	分

明细账

总第　页
分第　页

____级科目名称____

年		凭证		摘要	借方金额									贷方金额									借或贷	余额								
月	日	种类	号数		千	百	十	万	千	百	十	元	角	分	千	百	十	万	千	百	十	元	角	分		千	百	十	万	千	百	十	元	角	分

明细账

总第　　页
分第　　页

____级科目名称_____

年		凭证		摘要	借方金额									贷方金额									借或贷	余额								
月	日	种类	号数		千	百	十	万	千	百	十	元	角	分	千	百	十	万	千	百	十	元	角	分		千	百	十	万	千	百	十	元	角	分

明细账

___级科目名称_____   总第 页
                          分第 页

年		凭证		摘要	借方金额										贷方金额										借或贷	余额									
月	日	种类	号数		千	百	十	万	千	百	十	元	角	分	千	百	十	万	千	百	十	元	角	分		千	百	十	万	千	百	十	元	角	分

明细账

级科目名称 _____ 总第 页 分第 页

年		凭证		摘要	借方金额									√	贷方金额									√	借或贷	余额									√
月	日	种类	号数		千	百	十	万	千	百	十	元	角	分	千	百	十	万	千	百	十	元	角	分		千	百	十	万	千	百	十	元	角	分

明细账

总第　　页
分第　　页

级科目名称＿＿＿			借方金额 √								贷方金额 √								借或贷	余　　额 √							
凭证		摘　要	千	百	十	万	千	百	十	元	角	分	千	百	十	万	千	百	十	元	角	分		千	百	十	万	千	百	十	元	角	分
种类	号数																																
年　月　日																																	

明细账

总第　　页
分第　　页

级科目名称 _____

年		凭证		摘要	借方金额										贷方金额										借或贷	余额									
月	日	种类	号数		千	百	十	万	千	百	十	元	角	分	千	百	十	万	千	百	十	元	角	分		千	百	十	万	千	百	十	元	角	分

明细账

总第　　页
分第　　页

___级科目名称___

年		凭证		摘要	借方金额								贷方金额								借或贷	余　额							
月	日	种类	号数		千	百	十	万	千	百	十	元	角	分	千	百	十	万	千	百	十	元	角	分		千	百	十	万	千	百	十	元	角	分

明细账

级科目名称 _____				借方金额									贷方金额									借或贷	余额									总第 页 分第 页
年		凭证		√									√										√								
月	日	种类	号数	摘要	千	百	十	万	千	百	十	元	角	分	千	百	十	万	千	百	十	元	角	分		千	百	十	万	千	百	十	元	角	分

明细账

总第　　页
分第　　页

___级科目名称_____

年		凭证		摘要	借方金额 √									贷方金额 √									借或贷	余　额 √								
月	日	种类	号数		千	百	十	万	千	百	十	元	角	分	千	百	十	万	千	百	十	元	角	分		千	百	十	万	千	百	十	元	角	分

明细账

级科目名称 _____   总第 ___ 页
　　　　　　　　　　　　分第 ___ 页

年		凭证		摘要	借方金额									√	贷方金额									√	借或贷	余额									√
月	日	种类	号数		千	百	十	万	千	百	十	元	角	分	千	百	十	万	千	百	十	元	角	分		千	百	十	万	千	百	十	元	角	分

明细账

总第　　页
分第　　页

____级科目名称____

年		凭证		摘要	借方金额									√	贷方金额									√	借或贷	余额									√
月	日	种类	号数		千	百	十	万	千	百	十	元	角	分	千	百	十	万	千	百	十	元	角	分		千	百	十	万	千	百	十	元	角	分

明细账

总第　　页
分第　　页

级科目名称			摘要	借方金额								√	贷方金额								√	借或贷	余额								√
年	凭证			千	百	十	万	千	百	十	元	角	分	千	百	十	万	千	百	十	元	角	分		千	百	十	万	千	百	十	元	角	分
月 日	种类	号数																																

明细账

总第　　页
分第　　页

___级科目名称_____

年		凭证		摘要	借方金额 千百十万千百十元角分 √	贷方金额 千百十万千百十元角分 √	借或贷	余额 千百十万千百十元角分 √
月	日	种类	号数					

应交税费——应交增值税明细账

凭证号数		摘要	借方发生额				贷方发生额			借或贷	余额
年 月	日		进项税额	已交税金	转出未交增值税	合计	销项税额	转出多交增值税	合计		

应交税费——应交增值税明细账

年		凭证		摘要	借方发生额			贷方发生额			借或贷	余额
月	日	种类	号数		进项税额	已交税金	转出未交增值税	合计	销项税额	转出多交增值税	合计		

应交税费——应交增值税明细账

年	凭证		摘要	借方发生额				贷方发生额			借或贷	余额
月 日	种类	号数		进项税额	已交税金	转出未交增值税	合计	销项税额	转出多交增值税	合计		

应交税费——应交增值税明细账

年	凭证		摘要	借方发生额				贷方发生额			借或贷	余额
月 日	种类	号数		进项税额	已交税金	转出未交增值税	合计	销项税额	转出多交增值税	合计		

明细账

总第＿＿页
分第＿＿页

年		凭证号数	摘要	借方								贷方								借或贷	余额								（　）方余额		
月	日			百	十	万	千	百	十	元	角	分	百	十	万	千	百	十	元	角	分		百	十	万	千	百	十	元	角	分	

331

明细账

总第____页
分第____页

年 月 日	凭证号数	摘要	借方 百十万千百十元角分	贷方 百十万千百十元角分	借或贷	余额 百十万千百十元角分	(　　)方余额

332

明细账

总第 ___ 页
分第 ___ 页

年	凭证号数	摘要	借方 百十万千百十元角分	贷方 百十万千百十元角分	借或贷	余额 百十万千百十元角分	( ) 方 余 额		
月 日									

明细账

总第　　页
分第　　页

年		凭证号数	摘要	借方									贷方									借或贷	余额									（　）方余额		
月	日			百	十	万	千	百	十	元	角	分	百	十	万	千	百	十	元	角	分		百	十	万	千	百	十	元	角	分			

明细账

总第___页
分第___页

年		凭证号数	摘要	借方									贷方									借或贷	余额									( ) 方余额		
月	日			百	十	万	千	百	十	元	角	分	百	十	万	千	百	十	元	角	分		百	十	万	千	百	十	元	角	分			

明细账

总第 ___ 页
分第 ___ 页

年 月 日	凭证号数	摘要	借方 百十万千百十元角分	贷方 百十万千百十元角分	借或贷	余额 百十万千百十元角分	（ ）方余额

明细账

总第____页
分第____页

年 月 日	凭证号数	摘要	借方 百十万千百十元角分	贷方 百十万千百十元角分	借或贷	余额 百十万千百十元角分	（　）方余额

明细账

总第＿＿页
分第＿＿页

年	凭证号数	摘要	借方									贷方									借或贷	余额									（　）方余额
月 日			百	十	万	千	百	十	元	角	分	百	十	万	千	百	十	元	角	分		百	十	万	千	百	十	元	角	分	

明细账

总第 ___ 页
分第 ___ 页

年		凭证号数	摘要	借方									贷方									借或贷	余额									( ) 方余额		
月	日			百	十	万	千	百	十	元	角	分	百	十	万	千	百	十	元	角	分		百	十	万	千	百	十	元	角	分			

明细账

总第____页
分第____页

年 月 日	凭证号数	摘要	借方 百十万千百十元角分	贷方 百十万千百十元角分	借或贷	余额 百十万千百十元角分	（　　）方余额

明细账

总第___页
分第___页

年		凭证号数	摘要	借方									贷方									借或贷	余额									( )方余额		
月	日			百	十	万	千	百	十	元	角	分	百	十	万	千	百	十	元	角	分		百	十	万	千	百	十	元	角	分			

明细账

总第＿＿页
分第＿＿页

年	凭证号数	摘要	借方								贷方								借或贷	余额								（　）方余额			
月 日			百	十	万	千	百	十	元	角	分	百	十	万	千	百	十	元	角	分		百	十	万	千	百	十	元	角	分	

明细账

总第 ___ 页
分第 ___ 页

年	凭证号数	摘要	借方									贷方									借或贷	余额									( ) 方余额		
月 日			百	十	万	千	百	十	元	角	分	百	十	万	千	百	十	元	角	分		百	十	万	千	百	十	元	角	分			

明细账

总第___页
分第___页

年 月 日	凭证号数	摘要	借方 百十万千百十元角分	贷方 百十万千百十元角分	借或贷	余额 百十万千百十元角分	（ ）方余额

三、空白报表

科目汇总表

会计科目	年　月　日至　月　日	
	本期借方发生额	本期贷方发生额
库存现金		
银行存款		
其他货币资金		
应收票据		
应收账款		
坏账准备		
预付账款		
其他应收款		
原材料		
周转材料		
库存商品		
生产成本		
制造费用		
工程物资		
在建工程		
固定资产清理		
固定资产		
累计折旧		
短期借款		
应付账款		
预收账款		
应付职工薪酬		
应交税费		
应付利息		
应付股利		
其他应付款		
本年利润		
利润分配		
盈余公积		
主营业务收入		
主营业务成本		
营业税金及附加		
销售费用		
管理费用		
财务费用		
营业外收入		
资产减值损失		
所得税费用		
合　　计		

科目汇总表

会计科目	年　月　日至　月　日	
	本期借方发生额	本期贷方发生额
库存现金		
银行存款		
其他货币资金		
应收票据		
应收账款		
坏账准备		
预付账款		
其他应收款		
原材料		
周转材料		
库存商品		
生产成本		
制造费用		
工程物资		
在建工程		
固定资产清理		
固定资产		
累计折旧		
短期借款		
应付账款		
预收账款		
应付职工薪酬		
应交税费		
应付利息		
应付股利		
其他应付款		
本年利润		
利润分配		
盈余公积		
主营业务收入		
主营业务成本		
营业税金及附加		
销售费用		
管理费用		
财务费用		
营业外收入		
资产减值损失		
所得税费用		
合　计		

科目汇总表

年　月　日至　月　日

会计科目	本期借方发生额	本期贷方发生额
库存现金		
银行存款		
其他货币资金		
应收票据		
应收账款		
坏账准备		
预付账款		
其他应收款		
原材料		
周转材料		
库存商品		
生产成本		
制造费用		
工程物资		
在建工程		
固定资产清理		
固定资产		
累计折旧		
短期借款		
应付账款		
预收账款		
应付职工薪酬		
应交税费		
应付利息		
应付股利		
其他应付款		
本年利润		
利润分配		
盈余公积		
主营业务收入		
主营业务成本		
营业税金及附加		
销售费用		
管理费用		
财务费用		
营业外收入		
资产减值损失		
所得税费用		
合　　计		

资产负债表

编制单位： 　　　　　　　　　　　年　月　日　　　　　　　　　　　单位：元

资　　产	期末数	期初数	负债及所有者权益	期末数	期初数
货币资金			短期借款		
交易性金融资产			交易性金融负债		
应收票据			应付票据		
应收账款			应付账款		
预付款项			预收款项		
应收利息			应付职工薪酬		
应收股利			应交税费		
其他应收款			应付利息		
存货			应付股利		
一年内到期的非流动资产			其他应付款		
其他流动资产			一年内到期的非流动负债		
			其他流动负债		
流动资产合计					
非流动资产：			流动负债合计		
可供出售金融资产			长期借款		
持有至到期投资			应付债券		
长期应收款			长期应付款		
长期股权投资			专项应付款		
投资性房地产			预计负债		
固定资产			递延所得税负债		
在建工程			其他非流动负债		
工程物资			非流动负债合计		
固定资产清理					
生产性生物资产			负债合计		
油气资产			实收资本		
无形资产			资本公积		
开发支出			减：库存股		
商誉			盈余公积		
长期待摊费用			未分配利润		
递延所得税资产			股东权益合计		
其他非流动资产					
非流动资产合计					
资产总计			负债和所有者权益总计		

公司法定代表人：　　　　　　　主管会计工作负责人：　　　　　　　会计机构负责人：

资产负债表

编制单位：　　　　　　　　　　　　　　　年　月　日　　　　　　　　　　　　　　　单位：元

资　产	期末数	期初数	负债及所有者权益	期末数	期初数
货币资金			短期借款		
交易性金融资产			交易性金融负债		
应收票据			应付票据		
应收账款			应付账款		
预付款项			预收款项		
应收利息			应付职工薪酬		
应收股利			应交税费		
其他应收款			应付利息		
存货			应付股利		
一年内到期的非流动资产			其他应付款		
其他流动资产			一年内到期的非流动负债		
			其他流动负债		
流动资产合计					
非流动资产：			流动负债合计		
可供出售金融资产			长期借款		
持有至到期投资			应付债券		
长期应收款			长期应付款		
长期股权投资			专项应付款		
投资性房地产			预计负债		
固定资产			递延所得税负债		
在建工程			其他非流动负债		
工程物资			非流动负债合计		
固定资产清理					
生产性生物资产			负债合计		
油气资产			实收资本		
无形资产			资本公积		
开发支出			减：库存股		
商誉			盈余公积		
长期待摊费用			未分配利润		
递延所得税资产			股东权益合计		
其他非流动资产					
非流动资产合计					
资产总计			负债和所有者权益总计		

公司法定代表人：　　　　　　　　主管会计工作负责人：　　　　　　　　会计机构负责人：

资产负债表

编制单位：　　　　　　　　　　　　　　年　月　日　　　　　　　　　　　　单位：元

资　　产	期末数	期初数	负债及所有者权益	期末数	期初数
货币资金			短期借款		
交易性金融资产			交易性金融负债		
应收票据			应付票据		
应收账款			应付账款		
预付款项			预收款项		
应收利息			应付职工薪酬		
应收股利			应交税费		
其他应收款			应付利息		
存货			应付股利		
一年内到期的非流动资产			其他应付款		
其他流动资产			一年内到期的非流动负债		
			其他流动负债		
流动资产合计					
非流动资产：			流动负债合计		
可供出售金融资产			长期借款		
持有至到期投资			应付债券		
长期应收款			长期应付款		
长期股权投资			专项应付款		
投资性房地产			预计负债		
固定资产			递延所得税负债		
在建工程			其他非流动负债		
工程物资			非流动负债合计		
固定资产清理					
生产性生物资产			负债合计		
油气资产			实收资本		
无形资产			资本公积		
开发支出			减：库存股		
商誉			盈余公积		
长期待摊费用			未分配利润		
递延所得税资产			股东权益合计		
其他非流动资产					
非流动资产合计					
资产总计			负债和所有者权益总计		

公司法定代表人：　　　　　　　主管会计工作负责人：　　　　　　　会计机构负责人：

利 润 表

会企02表

编制单位： 　　　　　　　　　年 月　　　　　　　　　　　单位：元

项　　目	本期数	上年同期数
一、营业收入		略
减：营业成本		
营业税金及附加		
销售费用		
管理费用		
财务费用		
资产减值损失		
加：公允价值变动收益（损失以"－"号填列）		
投资收益（损失以"－"号填列）		
其中：对联营企业和合营企业的投资收益		
二、营业利润（亏损以"－"号填列）		
加：营业外收入		
减：营业外支出		
其中：非流动资产处置损失		
三、利润总额（亏损总额以"－"号填列）		
减：所得税费用		
四、净利润（净亏损以"－"号填列）		
五、每股收益		
（一）基本每股收益		
（二）稀释每股收益		

公司法定代表人：　　　　　主管会计工作负责人：　　　　　会计机构负责人：

利 润 表

编制单位：　　　　　　　　　　　　　年　月　　　　　　　　　　　　会企02表
单位：元

项　　　　目	本期数	上年同期数
一、营业收入		略
减：营业成本		
营业税金及附加		
销售费用		
管理费用		
财务费用		
资产减值损失		
加：公允价值变动收益（损失以"－"号填列）		
投资收益（损失以"－"号填列）		
其中：对联营企业和合营企业的投资收益		
二、营业利润（亏损以"－"号填列）		
加：营业外收入		
减：营业外支出		
其中：非流动资产处置损失		
三、利润总额（亏损总额以"－"号填列）		
减：所得税费用		
四、净利润（净亏损以"－"号填列）		
五、每股收益		
（一）基本每股收益		
（二）稀释每股收益		

公司法定代表人：　　　　　主管会计工作负责人：　　　　　会计机构负责人：

利　润　表

会企 02 表

编制单位：　　　　　　　　　　　　　　年　月　　　　　　　　　　　　　　单位：元

项　　　目	本期数	上年同期数
一、营业收入		略
减：营业成本		
营业税金及附加		
销售费用		
管理费用		
财务费用		
资产减值损失		
加：公允价值变动收益（损失以"－"号填列）		
投资收益（损失以"－"号填列）		
其中：对联营企业和合营企业的投资收益		
二、营业利润（亏损以"－"号填列）		
加：营业外收入		
减：营业外支出		
其中：非流动资产处置损失		
三、利润总额（亏损总额以"－"号填列）		
减：所得税费用		
四、净利润（净亏损以"－"号填列）		
五、每股收益		
（一）基本每股收益		
（二）稀释每股收益		

公司法定代表人：　　　　　主管会计工作负责人：　　　　　会计机构负责人：

四、封面及封底

凭 证 装 订 封 面

____年___月___日至___月___日　　____月份　　第___本　共___本

凭证名称	凭证起止号码		凭证张数	附件张数
	自	至		

会计：　　　　　　　　　复核：　　　　　　　　　装订：

抽 出 凭 证 登 记 表
（会计凭证封底）

抽出日期			抽出凭证名称	抽出原因	抽出人签字	经管人签字	归还日期			保管人签字
年	月	日								

凭证装订封面

____年___月___日至___月___日　　___月份　　第___本　　共___本

凭证名称	凭证起止号码		凭证张数	附件张数
	自	至		

会计：　　　　　　　复核：　　　　　　　装订：

抽出凭证登记表
（会计凭证封底）

抽出日期			抽出凭证名称	抽出原因	抽出人签字	经管人签字	归还日期			保管人签字
年	月	日								

凭 证 装 订 封 面

_____年___月___日至___月___日　　___月份　　第___本　　共___本

凭证名称	凭证起止号码		凭证张数	附件张数
	自	至		

会计：　　　　　　　复核：　　　　　　　装订：

抽 出 凭 证 登 记 表
（会计凭证封底）

抽出日期			抽出凭证名称	抽出原因	抽出人签字	经管人签字	归还日期			保管人签字
年	月	日								